お大師さまの「生老病死」学
苦難の先に救われる

高野山別格本山清浄心院住職
池口恵観 著

セルバ出版

はじめに

お大師《だいし》さまの「生老病死《しょうろうびょうし》」学《がく》発刊に先立ちまして一言御挨拶を申し述べさせていただきます。

弘法大師さまのご縁を頂戴しまして、はや八十八年の歳月を経ました。その間、幼い頃より読経や行《ぎょう》を指導し、叱咤激励をしてくれました両親の慈しみのお蔭と、長じては先師・先徳のご教導を賜りまして、わたくし自身の信仰と人々への布教を勤めさせていただきました。まことにありがたいことと心から感謝いたしております。

本書は、わたくしが今から十九年前の平成十六年（二〇〇四）一月から同十七年（二〇〇五）三月までの毎月十五回、高野山出版社刊行雑誌『聖愛《せいあい》』誌上で連載の拙稿「如来《ほとけ》の声字《こえ》を求めて―理趣経に見るお大師さまの「生老病死」学―」を編集したものです。本文は当初公にした旧稿のままで敢えて改訂はしていません。

文中でご紹介いたしました田原総一朗さんの奥様の節子さんは、平成十六年（二〇〇四）八月十三日にお亡くなりになられています。旅館「柊家《ひいらぎや》」元仲居の田口八重さんも平成二十一年（二〇〇九）二月二十四日老衰のため亡くなられました。九十九歳でした。

振り返り、読み直しますと、当時の執筆した頃が思い出されます。お大師さまの究極の教えが理趣経《りしゅきょう》にあると思っていまして、少しでもそのことを皆さまへお伝えしたく、この連載を始めたものでした。

旧稿ながら、この度、わたくしの八十八年の米寿を記念して一書にまとめた次第です。本書で引用しました理趣経は、お大師さまが説かれた真言宗の主要経典の一つです。真言宗の僧侶であるわたしたちにとって本経は日々お唱えするものですが、一般の現代人にわかりやすくまとまった解説書がないことを鑑みて、公刊することと致しました。お大師さまの教えが一人でも多くの方へお伝えできれば、望外の喜びです。

本書編集に際しては清浄心院高野山文化歴史研究所所長木下浩良氏のお手を煩わせ、出版に当たりましてはセルバ出版社社長森忠順氏の多大なご協力を賜りました。心から御礼を申し上げまして、自序とさせていただきます。

合掌

令和五年十一月吉日

高野山真言宗宿老・傳燈大阿闍梨・定額位・大僧正
高野山別格本山清浄心院住職
藤沢市江の島大師法主
鹿児島市烏帽子山最福寺開山

池口　恵觀

理趣経（りしゅきょう）

真言宗の根本経典の一つの金剛頂経《こんごうちょうきょう》の中から教えの教理と功徳を説いた部分をまとめて一巻にしたもの。経典の翻訳者は中国の唐時代に活躍した不空《ふくう》。真言宗の教えの精粋を説いた経典として、真言宗内では日常に読誦されるお経。真言宗で真理そのものとされる大日如来《だいにちにょらい》が菩薩の金剛薩埵《こんごうさった》に対して、一切が本来は清浄《しょうじょう》であることを説いている。

お大師さまの「生老病死」学──苦難の先に救われる　目次

第十二章　一つの価値観だけで世界をつくってはいけない

第十三章　生まれて成長して老いて死を迎える生命の旅

第十四章　身体と心と言葉をきれいに暮らすことを実践

第一章　恐れに向き合う勇気

◎「この世」という素晴らしい世界を体験する

新しい年を迎えるたびに、人は生まれ変ったような気持ちを持つべく、さまざまな儀礼を行います。

「正月は冥土《めいど》の旅の一里塚めでたくもありめでたくもなし」、そんな句がふと脳裏によぎるのも、年齢を重ねて来たからでしょうか。

しかし、この世に生まれた時から、私たちは死に向かって歩き始めています。その事実を、どのように考えて生きていくのか、それが人類の課題、といってもよいでしょう。

死に向かっているからといって、恐れながら生きていたのでは、せっかく「この世」という素晴らしい世界を体験する時を十分に知ることができません。

第一章　恐れに向き合う勇気

仏教は、生老病死という人間の心に潜《ひそ》む恐怖と不安を、どのように克服《こくふく》して、この世に生きる充実感を知るかを教えました。

現代に見失われているのは、人間の根源に潜《ひそ》む恐れに向き合う勇気であると、私は考えています。

密教は、その恐れを肯定《こうてい》し、生命が持つ偉大《いだい》な力を受け容《い》れて心を磨《みが》くことを教えています。それは、ともすれば享楽主義《きょうらくしゅぎ》ではないかと受け取られますが、切り捨《す》てず受け容れて変化する教えの深さこそ、生老病死という生命が持つ本質に至る道であります。

生老病死の「苦」は、現実のいたるところにあります。混迷《こんめい》の現代社会に、その苦の種を拾《ひろ》い上げて、考えましょう。それが、本当に「苦」であるのか、どうか。ここで、私は『理趣経《りしゅきょう》』に重ねて教えを考えました。

【理趣経巻首】

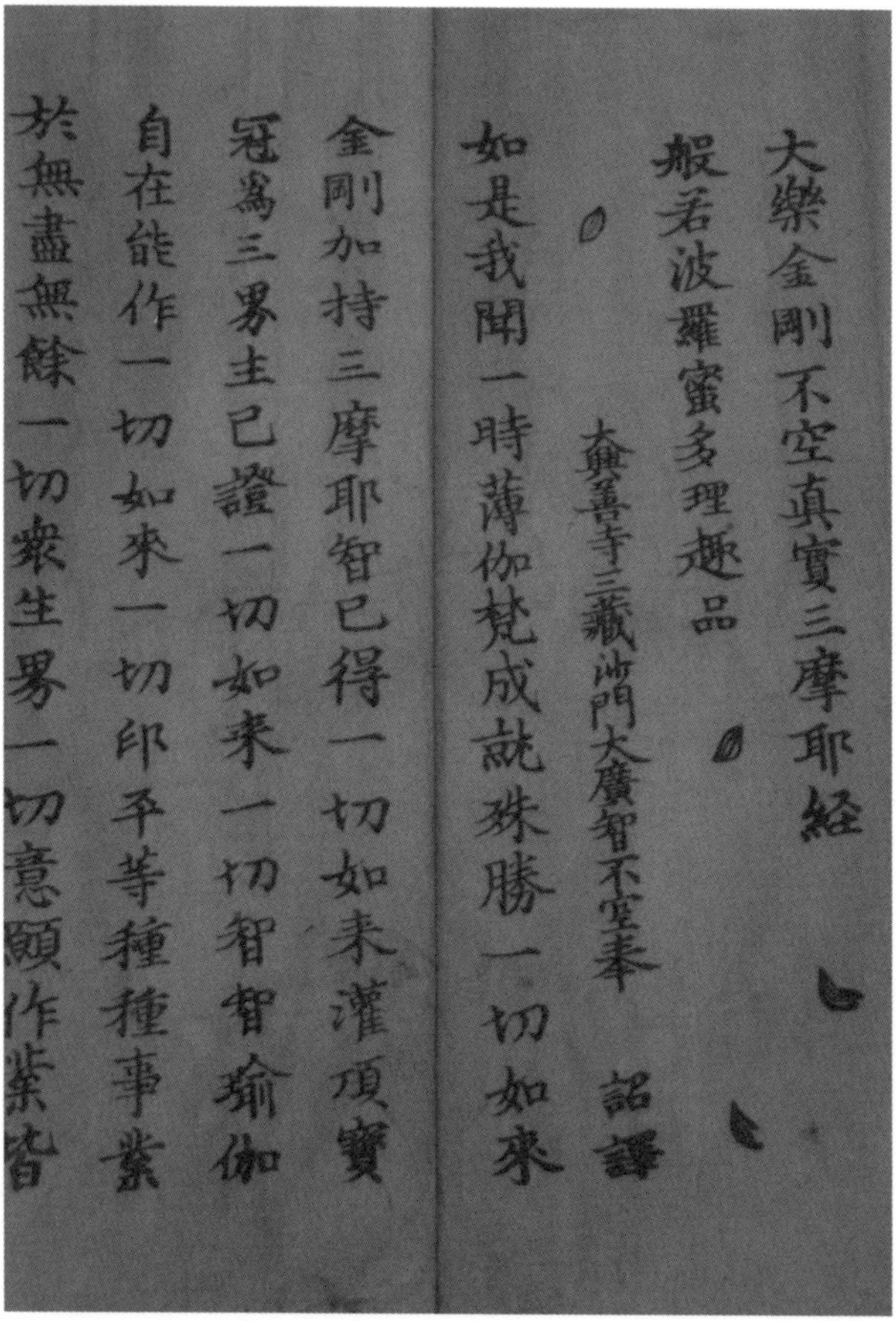
大樂金剛不空眞實三摩耶經
般若波羅蜜多理趣品
大興善寺三藏沙門大廣智不空奉　詔譯
如是我聞一時薄伽梵成就殊勝一切如來
金剛加持三摩耶智已得一切如來灌頂寶
冠爲三界主已證一切如來一切智智瑜伽
自在能作一切如來一切印平等種種事業
於無盡無餘一切衆生界一切意願作業皆

◎生きることはあらゆる意味で尊い

密教の大事な経典である『理趣経』は、生命を讃歌することによって、私たちがこの身のままで成仏できることを説きました。しかし、『理趣経』は感じ取る経典であります。唱《とな》えて唱えて、なにか生命に呼応《こおう》する感覚を得たら、それが功徳《くどく》なのだと、私は説いて来ました。生きることはあらゆる意味で尊いもの。そう思えるように、さあ、生老病死の旅にご一緒しましょう。

日本の老齢社会を反映してか、二十一世紀に入ってからというもの、お年寄りの本がたくさん出版されています。それも、「老後」などという言葉を吹《ふ》き飛ばして活躍している元気な方たちの本が多いことに驚きます。

「私から見れば、まだまだあなたはお若い」

「お若い？　まいったなあ。でも、友人、知人がみんな亡くなってしまって……」（『生きること老いること』朝日新聞社刊）

こんな会話を交《か》わしているのは、九十五歳の吉行あぐりさんと九十歳の新藤兼人さんです。吉行さんは、作家の故吉行淳之介さんのお母さんで現役の美容師です。ＮＨＫの連続ドラマのモデルになった方ですね。新藤さんは映画監督で、女優の故乙羽信子さんの夫でした。どちらも九十歳になっても仕事を続けている「生き方上手の老い上手」です。

お二人の対談は、その言葉の一つ一つに深みがあって、教えられることばかりです。年を取ったら歩くことが大切です。吉行さんも新藤さんも、毎日必ず散歩をしているそうですが、お二人の散歩にたいする姿勢はずいぶん違います

「病院の先生が〝老人の健康法は歩くのが一番〟とおっしゃるので、歩いているだけです。だから、不愉快でも散歩をしているのです。雨の日も傘をさして歩いています」。これは、新藤さん。映画を撮ったりシナリオを書いたりという仕事をするためには、健康でないといけない、そのための散歩なのだと、義務感にかられているようなものです。

かたや、吉行さんは健康のために始めた散歩なのに、いつしかそこから楽しいことをみつけました。

「私も最初は万歩計を持って、一生懸命歩きました。〝ここからあそこまで何分で歩けるか〟と目標を決めて歩いていましたが、それではとてもつまらないの。それでお花を見たりしながらぶらぶら歩くことにしました。去年の春は、公園の地面に何かの芽がふいているのを見つけたんです。〝朝顔じゃないか〟と思って、毎日お水をあげていました。そうしたら、夏にきれいな朝顔の花が咲きましてね。もう嬉しくて嬉しくて。

通りすがりの人に〝朝顔が咲いていますよ〟と声をかけていました。そんな中からお友達もできましたの」

なんと、小さな発見を大きく育て、新たな友達の輪までつくってしまった吉行さん流の「自利他利《じりたり》」ぶりに、私はすっかり感心してしまいました。

それにしても、地面の小さな芽をよく見つけられたものですが、その「謎」は対談を読み進んでいくと、解けました。

「私、四十歳代で白内障になりました。健康診断でわかったのですが、〝まだ大丈夫〟といわれまして、放っておいたんです。〝手術をうけると、すごくよく見えるようになりますよ〟と聞いていたんですが、〝こんないやな世の中、いいかげんに見えるくらいがちょうどいいわ〟と思って手術をしませんでした。ところが、九十一歳になったとき、和子（長女で女優）に〝ちゃんと診てもらいなさい〝と言われ、もう一度診てもらったんです。〝そろそろ手術されたらいかがですか〝とおっしゃられるので九十三歳のときに受けまして。そうしたら、本当によく見えるんですよ」

吉行さんは、そういわれます。九十五歳になっても眼鏡なしで活字を読むほどなのだ、と。見たくないときは、見えない。世の中は相変わらず「いやなことが多い」はずですが、もう見ても心ふさがれることもない心境になって、吉行さんは再び見えるようになったのですね。その目によって、朝顔の小さな芽をみつけて散歩の楽しみとするうちに、朝顔は花を咲かせることになりました。

◎世間一切の欲は「清浄」

理趣経の第四段「観照の法門」の教えがここにある、とは私は対談を読んで思いいたりました。

「時薄伽梵得自性清浄法性如来復説一切法平等観自在智印出生般若理趣所謂世間一切欲清浄故一切瞋清浄。

世間一切垢清浄故即一切罪清浄。世間一切法清浄故即一切有情清浄。

世間一切智智清浄故即般若波羅蜜多清浄。

金剛手若有聞此理趣受持読誦作意思惟設住諸欲猶如蓮華不為客塵諸垢所染疾証無上正等菩提。

時薄伽梵観自在大菩薩欲重顕明此義故熙怡微咲作開敷蓮華勢観欲不染説一切群生種種色心」。

読み下しましょう。

「時に薄伽梵《ばぎゃぼん》、自性清浄《じしょうしょうじょう》の法性《ほっしょう》を得《え》給《たま》える如来は復《また》一切法の平等を観ずること自在なる智印《ちいん》を出生する般若理趣を説き給う。

所謂《いわゆる》世間一切の欲清浄なるが故に、即ち一切の瞋《じん》も清浄なり、世間一切の垢清浄なるが故に即ち一切の罪清浄なり、世間一切の法清浄なるが故に、即ち一切の有情清浄なり、世間一切の智智清浄なるが故に即ち般若波羅蜜多も清浄なり。

金剛手よ、若し此の理趣を聞いて受持し読誦し作意し思惟《しゆい》することと有らば設《たと》い諸欲に住すとも猶《なお》し如蓮華《にょれんげ》の客塵《きゃくじん》の諸垢のために染《せん》せざるが如く、疾《と》く無上正等菩提を証《しょう》すべし。

時には薄伽梵、観自在大菩薩、重ねて此の義を顕明せんと欲《おも》うが故に熙怡微笑して開敷《かいふ》蓮華の勢いをなし欲の不染を観じて一切の群生の種種色の心を説き給う。きりーく」

「きりーく」は、真言であります。

【理趣経第 4 段】

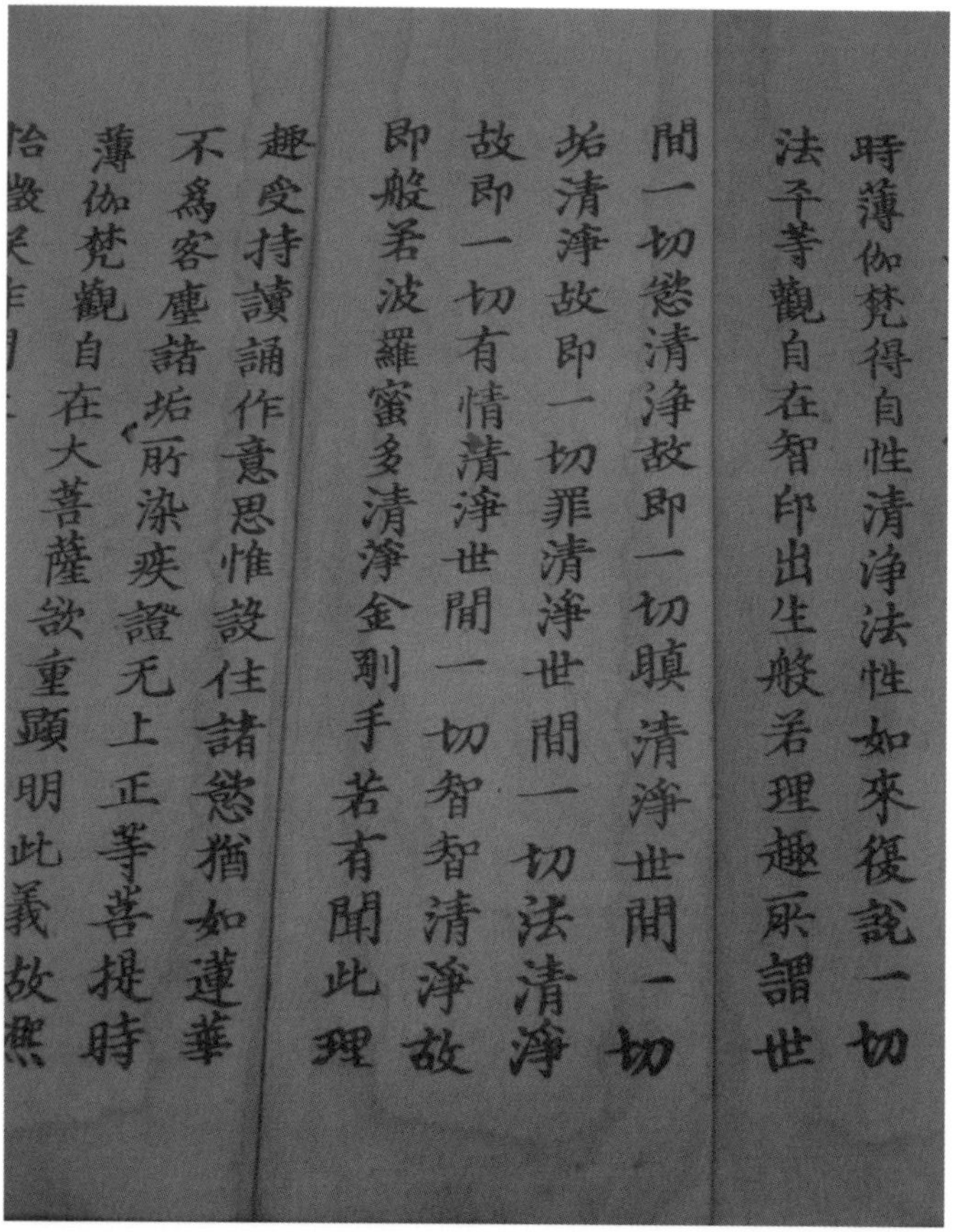
時薄伽梵得自性清淨法性如來復說一切
法平等觀自在智印出生般若理趣所謂世
間一切慾清淨故即一切瞋清淨世間一切
垢清淨故即一切罪清淨世間一切法清淨
故即一切有情清淨世間一切智智清淨故
即般若波羅蜜多清淨金剛手若有聞此理
趣受持讀誦作意思惟設住諸慾猶如蓮華
不為客塵諸垢所染疾證无上正等菩提時
薄伽梵觀自在大菩薩欲重顯明此義故熈

第二章　日常生活の中で実行できるシンプルな教え

◎高山に登らざれば天の高きことを知らざる

さて、理趣経が難しいとされながら、よくよく理解を深めていきますと、じつは日常生活のなかで、実行できるシンプルな教えであるとわかってきます。

年齢を重ねることは、ものごとがよく観えるようになることだと気づけば、苦しみよりは喜びが、不幸よりは幸運に包まれた時間をすごしていることがわかります。

「高山に登らざれば、天の高きことを知らざるなり」

これは、荀子《じゅんし》の言葉です。高い山のいただきに立って、私たちは初めて世界の広大さを実感するのです。

一九五三年五月、世界最高峰のエベレストの頂上に初めて人間が立ちました。英国の登山家ヒラリー卿とシェルパのテンジンの偉業は半世紀前のことです。

もしかしたら、頂上に立った人間は、彼らのほかにもいたのかもしれません。人知れず、この難しい山に挑んだ山岳民族がいたかもしれませんが、ヒマラヤ地方にはそうした言い伝えは残っていません。

興味深いのは、シェルパなどとヒマラヤ地方に住む人びとは、このエベレストではなくもうすこし標高《ひょうこう》の低い山を「聖山」として崇《あが》めていたそうです。ヒマラヤの人たちにとって、高い山の頂上は、上るもの、征服するものではなく、神聖な祈りの対象だったのです。

エベレストは、中国ではチョモランマと呼ばれています。この山が世界の最高峰であるとわかったのは、十九世紀のことでした。当時、ヒマラヤの麓《ふもと》というべきインドのダージリンは、英国の植民地でした。英国人は熱いインドでの避暑地《ひしょち》としてダージリンを愛し、たくさんの人がやって来ました。

この地からよく見えるのが、エベレストでした。あの山はどれほどの高さがあるのだろう。英国人の測量によって世界一高い山であることがわかりますと、ここに上ってみたいという冒険家たちが、挑戦を始めます。

この時代、ネパール王国は徳川時代の日本と同じように鎖国《さこく》していました。英国をはじめ、登山家たちはチベット側から登頂を目指しますが、いずれも失敗に終ります。

第二次大戦が終わり、ネパールは外国人に門戸を開きました。かえってチベットが、中国によって支配されるようになり、今度はネパール・ルートでの挑戦になります。

ヒラリー卿は、シェルパの中でもとくに優秀なテンジンとともに、頂上を極《きわ》めたのです。そこには、文化や国籍の違いも雇用《こよう》関係もない、プロフェッショナルとしての信頼と友情があったと聞いています。

日本は、それから間もなく標高は少し低くなりますが、マナスルの初登頂に成功します。敗戦から立ち直る勇気が、この快挙からも生まれました。

半世紀前の偉業《いぎょう》につい力が入りましたが、老いとは頂上を極めたのちの下り道なのだと、私は考えます。

高い山に登ることは、それだけの準備とトレーニング、健康や気力が必要です。エベレスト登頂五十年の記念の年、登山家でプロスキーヤーの三浦雄一郎氏がエベレスト登頂に成功しました。七十一歳の高齢記録です。きびしい鍛錬《たんれん》の結果です。

彼自身、目標を立てて、ここまで来ました。「老い」とはまだつきあいたくないと考えていたのでしょう。しかし、頂上でなにを観たでしょうか。何かがすっかり見えるようになって、きっとまた人生観が変わるにちがいないと、私は遠くから見守っています。

そういえば、吉行あぐりさんも九十歳を過ぎてからヒマラヤに登ったそうです。酸素ボンベをかついで、四千メートルの高さまでいったというのですから、たいへんなことです。ほかの人が高山病にかかっているというのに、吉行さんは大丈夫だったといいます。もともと健康な方なのでしょうが、やはり目標を定めたら、最後までやりとおす意志の強い方なのです。

その高い山の上で、吉行さんはなにを思われたことでしょう。このとき訪れたネパールに高名な占い師から「九十七歳まで生きる」といわれて、「うれしいわ」と思っているそうです。どこまでも、前向きに生きている方なのです。山も前を向いていれば、登って降ります。

人生も、前をむいて生きることは、死に向かって生きているのです。しかし、いつか来る死を受け入れていかないと、これをむやみに恐れるようになってしまいます。

◎「老い」とは寂しいものでもない

「老い方」とは、結局のところ、「山の下り方」なのではないでしょうか。山を下っていることを認識していれば、足元をしっかりと見ることができます。下っているのに、登っているのだと思い込ませるから、足元が狂ったり、周囲の情景が見えなくなるのです。老いとは、本当は、寂しいものでもなく、まして辛《つら》かったり、悲しかったりというものではありません。

若いときの自分の方法や状態と比較して考えてしまうから、つまり山を登っているという思い込みで日々を過ごすから、体力が弱ったり、物忘れしたりすることが、嫌になってしまうのです。山を下ることは、人生の別の楽しさを味わうことができるものなのであります。

「僕は老人になって、初めて老人の気持ちがわかりました。自分が老人になる前は、老人というのは心が穏《おだ》やかで、仏さまのように欲もなく盆栽をいじったり、ゲートボールをするもんだと勝手に思っていました」

新藤兼人さんは、とても正直な方です。そんなふうに老人のことをイメージしていて、だからご自分が創《つく》る映画でもそんな老人を描いていたのです。

ところが自分が老人になってみると、「生《な》ま生《な》ましく生きている」ことがわかったというのです。若いときのようにと思うけれど、よくできない、人生が終わりに近づいている焦燥感《しょうそうかん》にもかられる、というわけでいらいらして、すこしも穏やかではないことに気づいたのです。

「不思議なのは、一方で若い人たちの気持ちもわかってくる」

そういっておられるのです。老いることは、智慧の深まりだと申し上げましたが、そのとおりの人生を送っておられるのだな、と思いました。さらに、こんな言葉も気になりました。

「誰かを失って寂しさしか残らないなら、老人はみな死んでしまいますよ。残された人間は去って行った人間のことを考えてあげなくてはいけないと思っています」

これは、さきほどの対談のなかで、新藤さんが妻の乙羽信子さんに先立たれたことについて語っているところです。

人はみな孤独です。しかし、孤独だからといって、生きる力を失うのは、孤独という意味をわかっていないからであります。

「襄王《じょうおう》は生死の境《さかい》を奔《はし》っているときその耳を育てたといってよいであろう。あえていえば、その耳は人の言をききわけることができるというより、天の声や地のささやきをききとれるというべきで、それほど襄王は孤独であり、自分が生きているということを自問自答しつづけ、他人《ひと》が自分を助けてくれるということがどういうことか、孤独の深みで実感したときがあったにちがいない」

少し長い引用になりました。宮城谷昌光氏の『星雲はるかに』の一節です。襄王とは、中国の戦国時代、紀元前四世紀から秦《しん》が統一帝国を築《きず》くまでの七雄の一つ「斉《せい》」の国王です。山東省を領有していましたが、いったんは楚《そ》の臣《しん》に父親を殺されて国は滅ぶのですが、臣民とともにふたたび国を再興しました。

第三章　煩悩を受け入れて大欲とする

◎「孤独」とは自立すること

苦境にあって、王は孤独を知ったのです。他を頼めないとき、誰を、何を信ずればいいのかを、王は生死の境を生き抜《ぬ》いて知ったのです。それは、「耳を育てる」ということでした。天の声や地のささやきを聞き分けて、生きる道を探る。己れを無心の境地にしなければ、声は聞こえてきません。

理趣経の第四段「観照《かんしょう》の法門」の教えは、まさに、ここにあります。

孤独とは、「自立」であります。人は、まず「個」としてこの世に生まれてきました。死ぬときもまた「個」として死んでいきます。だれかと一緒に死にたいと考えて心中しても、死出の旅路は別々です。

自分は、一つの生命だ、とはっきり認めたとき、手を貸《か》してくれる人のありがたさがよくわかります。我を「一」と思い定めれば、あとは「プラス一」の存在ですから、感謝感謝です。孤独を知らない人は、誰かが何かをしてくれるのが当たり前、その人がいないことが「マイナス一」と感じられたり、してくれないと不満をもったりしてしまいます。

孤独を知ることは、余分なものを削《そ》ぎ落としたスリムな状態です。追従に心を動かされる弱さや驕《おご》りを洗い、あるいは一人ぼっちを嘆く愚《おろ》かさも脱《ぬ》ぎ捨てた、真実「一人」の存在を認めることなのです。

そこから、あらゆる「個」の生命が互いに結び合って、生き合っている「生命のネットワーク」に思いがいたるのです。「我」がなければ「他」はない。生命の大原則は、「孤独」を知ることに始まります。

◎一切のものを「清浄」と知る

理趣経の第三段では、「小我」にのっとった貪欲《どんよく》、瞋恚《しんい》、愚痴《ぐち》の「三毒」の煩悩《ぼんのう》を調伏《ちょうふく》する教えでした。我のみが利することを考えていては、煩悩の苦しみから逃れられません。かといって煩悩を消し去ろうとしても、かえってこだわりの弊害《へいがい》を生むことになります。

煩悩を受け入れて、わが身のうちで整えられれば、これは大欲となって菩提《ぼだい》となる。それがお大師さまの教えであり理趣経の教えです。

我を知るから他の苦しみも喜びも知る。そこに大欲の芽が生まれます。

繰り返しますが、理趣経の毘盧遮那《びるしゃな》如来《にょらい》は、心の内外の一切の現象は皆その自性をよく観照すれば、清浄であるという「観自在菩薩」の三昧《さんまい》に住んでおられます。そこで、一切の現象は本来悉《ことごと》く如来の大生命の発現にして、その性平等であり清浄であることを自在に観照する智を体現し出生することの法門を説いておられるのです。

この法話を聞くのは、すでに煩悩を整えることができる菩薩たちです。心眼を開いて観ればこの世に無用のものなど、何一つありません。皆、それぞれに必要とされてこの世に生まれて来た仏さまなのです。それぞれの生命のなかに仏さまを見出せるのは、仏性であります。

汚《きたな》いものを排除《はいじょ》しよう、切り捨《す》てようとするだけでは問題はなにも解決しません。汚いからといって、ぞんざいに扱《あつか》ってしまうことも間違いのもとでしょう。

ばい菌がついてる手を、汚いからと切り捨てるわけにはいきません。しかし、そのままで食事をしたら、感染症《かんせんしょう》になってしまうこともあります。どうするか、といえば汚れた手は洗うことです。あるいは、汚れているところを触《さわ》ってしまうようなときは、手袋をしてもいいのです。

新型肺炎ＳＡＲＳ《サーズ》が広がりました。さまざまな理由があると思いますが、外出から帰ったらまず手を洗う習慣が改めて見直されています。汚いことが見えなければ、手を洗うことも思いつきません。

三毒は清浄であるという、理趣経の教えは、毒を見分けることができる者に説いて、はじめて理解されます。毒を見分けて、これを解毒《げどく》する方法を見つけた者が、はじめて毒も清浄であるとわかります。世のため、人のために煩悩を大きく育てて生かすと、一切のものが清浄であると知るのです。

貪欲、瞋恚、愚痴から出た垢《あか》も罪も、つまりは一切が清浄となり、社会を構成している一切の文化現象も施設も、また一切の生きとしいけるものは清浄である。かくの如く世間一切の物心の諸現象も清浄となるがゆえに、それを体験する般若波羅蜜多、すなわち智行もまた清浄となるのです。

それは詭弁《きべん》のようではないか。そう問われたことがありました。そうではありません。身近に、たとえは多多あります。

水の流れを思い浮かべていただきたい。

地中から山肌に染《し》み出たひとしづくは、やがて谷川となって山中の自然を形成し、低きに流れて平野を潤《うるお》し、海にそそぎます。

その間、さまざまな塵芥《じんかい》さえ飲み込みながら海水となって、地球をめぐります。

聖水のように口をすすぎ身を清めた水は、海に到ればどれほど渇《かわ》きを癒《いや》そうとも叶《かな》わない塩水、そして汚染水となってしまいます。しかしその水は水蒸気となって天に昇って、ふたたび雨となって地上に降り注《そそ》ぎ、山中深く地下水としてたまるのです。

あるいは昨今はあたりまえとなったリサイクル。料理をするからとて、大根の葉っぱは切り落とされて捨てられます。捨てれば生ごみですが、葉っぱも使おうと刻《きざ》んで煮物に入れれば立派な長寿食です。

このごろは、ホテルの食べ残しをバイオで肥料に再生できるそうです。ゴミとしてはやっかいだった発泡スチロールが、オレンジやミカン汁で溶《と》けるとわかって、そういえばこのごろ困ったという話はあまりききません。

みなみな、「ごみ」のなかから役立つものを見つけて、塵を宝に変えたのです。煩悩即菩提をこんなふうに考えてみると、わかりやすいでしょう。

このようなリサイクルのことも、ごみなんて汚いから、自分の見

第三章　煩悩を受け入れて大欲とする

【理趣経第3段】

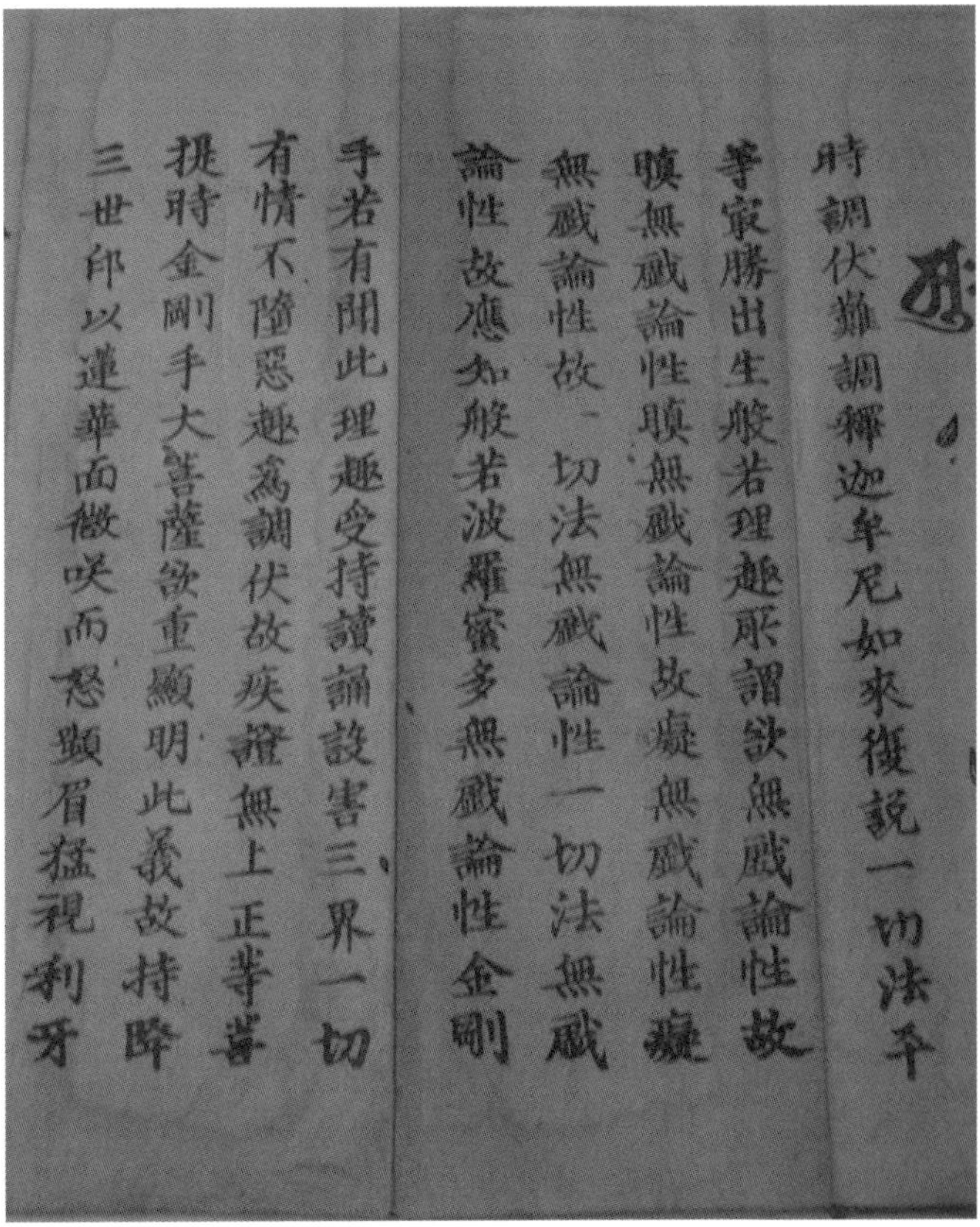
時調伏難調釋迦牟尼如來復說一切法平
等最勝出生般若理趣所謂欲無戲論性故
瞋無戲論性瞋無戲論性故癡無戲論性癡
無戲論性故一切法無戲論性一切法無戲
論性故應知般若波羅蜜多無戲論性金剛
手若有聞此理趣受持讀誦設害三界一切
有情不墮惡趣為調伏故疾證無上正等菩
提時金剛手大菩薩欲重顯明此義故持降
三世印以蓮華面微笑而怒顰眉猛視利牙

えない場所で焼くなり埋《う》めるなりしてほしい、という自分勝手な人にいくら説いても理解できません。ごみから有益なものを生み出そうと考えることができる「菩薩」たちに聞いてもらって、実現の第一歩になるのです。

◎真実の悟りとは清らかな欲を知ること

さて、理趣経のこの段は、蓮華の教えが登場します。

金剛手《こんごうしゅ》よ、と毘盧遮那仏は聞き耳を立てている菩薩たちに呼びかけます。

この理趣経を聴《き》いて読んで、考えて工夫して、よくよく思念すれば、たとえ世間の欲にまみれた生活にあっても、あたかも泥の中に在ってしかも泥に染まらずに清らかな花が咲くごとくに、清浄な欲楽の中にあって無上の覚りを開くことができるのです。

真実の悟りとは欲を断ち世間を離れて独りで山林に住むというような、いわば仙人や苦行者のようなものとは限らず、むしろ清らかな欲を以って自在に豊かさと幸せを自他の上にもたらすものだから、と理趣経は高らかにうたっているのです。

お大師さまは、修行によって得た仏さまの力を万民のために使って、ようやく行は完成するという精神を教えました。これは、仏教の基本であります。

そして、本文を結びます。

時に世尊《せそん》如来は、観自在大菩薩として、すなわち自在に諸現象の清浄を観照し給《たま》える三昧に住《じゅう》して、重ねてこの自性清浄の義を自らの姿の上に顕《あら》わし給わんがために清浄を観照せる法悦を顔面に示して微笑し、左手には蓮華の花を以ってそれを開かしめんとの勢いを作《な》し、欲が大欲としての本来の性能を発揮《はっき》するが故に、かえって小さい欲の垢に染まない。

いわゆる清浄不染を観照し、一切衆生の種種に姿形の異なれるそのままそれぞれに自性清浄であることの心要を、左のごとき一字の真言「きりーく」に表して説き給うたのであります。

【弘法大師】

第四章　孤独を知って生命の絆を知る

◎清らかな気持ちになること

この大意は、主に三井英光師の解説を参考とさせていただいています。ていねいに読み砕《くだ》いて説かれている三井師の『講話』は、いわば理趣経の入門書として最適であります。しかし、その御著であっても、経文の文意を忠実に追っただけでは、どうもイメージを描きにくいところが理趣経にはあると思います。

私は、仏像が誕生した一つの要因がこのあたりにもあるように思っています。仏典の言葉だけでは、どうしても教えが伝わらないほどに、仏教は国際化していました。異なった文化のなかで、教えを正確に伝えるには、むしろイメージのほうが伝えやすいことがあります。

微笑みを湛《たた》えた観世音菩薩が一輪の蓮の花を手に持っている、そんな仏像や仏画をみたことがありましょう。その姿を拝《おが》んでいると、とても清らかな気持ちになります。理趣経の解説を聞くよりも仏像に合掌しているほうが、心が落ち着くこともあるのです。

それは、蓮華の文化にも一つの原因があるのではないか、と私は考えています。仏像が日本で描かれていたら、その教えを象徴する花は何だったろうか。そんなことを思ったことがありました。サクラだろうか、などと。

しかし、仏像や仏画に登場する蓮華の美、優しさは、文化を越えて私たちの胸に清らかを伝えてくれます。

蓮の花は、インドの国花です。それほど多くの花が国中に咲いているそうです。インドの子供に、花の絵を描いてというと、たいていの子がハスを描《えが》くだろう、と述べているのはインドに暮らし、植物に造詣《ぞうけい》の深い西岡直樹氏です。「一年が乾期と雨期にはっきりと分かれているインドでは、どこの農村に行ってもたいてい大きな溜《た》め池がある。だれが栽培しているというわけでもなく、ハスはそういうところにスイレンなどと混《ま》ざって生えている。毎日沐浴《もくよく》を欠かさない村人たちは、そんな池のほとりにやってきたハスやスイレンの花を波に揺《ゆ》らしながら、熱い日中に水を浴びる。そういう光景はごく日常的なものだった。「インドの人々は、日本人がサクラに美の理想を見るように、ハスの花に美の典型を求めているようだ」(いずれも西岡著『サラソウジュの木の下で』より)。

さらに、「ハスの花のような目をしていた」といえば、美人のこと。仏教の清浄《しょうじょう》不染《ふせん》の教えだけではなく、ヒンドゥー教でも、ハスは神聖なものとされていると聞きました。

そして、古代インドの叙事詩《じょじし》『マハーラーバタ』では、世界はハスから創造されたという話が伝わっています。

「世界が原初の海に覆《おお》われていたころ、ヴィシュヌス神は水上に身を横たえ、瞑想《めいそう》の至福にひたって眠っていた。そのヴィシュヌス神のへそからハスが伸《の》びてきて花が開いた。そのハスの花から創造神ブラフマー神が生まれ、世界は創造された」（『サラソウジュの木の下で』）。日本では、古代のハスを開花させた故大賀博士の功績が知られています。ハスの強い生命力と美しい花に人々は生命の象徴を見たのです。強い生命力は、ハスが育つ泥濘《でいねい》の中にあります。混沌《こんとん》とした泥沼が、じつは清らかで美しく強いという理想の花を咲かせる、文字通りの土壌になるのです。

それは、迷いの闇をさまよう煩悩《ぼんのう》の泥濘が、じつは覚りという大輪の花を咲かせるためには必要なものなのだ、という教えでもあります。なにも否定しない。あらゆるものを肯定して肯定して、昇華させるのです。

◎違うものをありのまま認め受け入れる

その蓮華の教えを説くのが、理趣経によれば観自在菩薩《かんじざいぼさつ》、観音さまでありあります。菩薩は、生命の源《みなもと》、宇宙そのものである大日如来の化身《けしん》でありあります。衆生を救うために菩薩や明王となって自在の力を発揮《はっき》するのです。

観自在菩薩は、自在に「観て」救います。あるいは祈りや助けを求める「音」を聴いて救いの手をさしのべるから「観世音」とも称されるのです。

観照の教えとは、いわば観自在菩薩の教えと申してもよいでしょう。しっかりと観ることは確かな救いの手を出せるということにつながります。

この理趣経第四段で、私は「種種色の心《しょうじょうしょくしん》」という言葉に注目したいと思います。今の言葉でいう「多様化」の教えです。この世の生きとし生けるものは、みな姿形が違います。しかし、どの生命も平等であります。いつも、申し上げる差別《しゃべつ》と平等の教えがここにもあるのです。

観る、ということはあらゆる生命に平等に備わっている仏性を観ることであり、一方であらゆるものが違う形をしていることを見分けるためのものです。

見分けたら、どうなりますか。異なる形を排除《はいじょ》しますか。それでは愚《おろ》かな煩悩そのままであります。

違うものをありのままに認めて受け入れること。それが、生命の教えであり、真実であります。この世は、あらゆる異なったもので成り立っています。そのことを観ることができるとき、私たちの心は悟《さと》った平穏《へいおん》が訪れるのです。男性と女性との違いもあります。私は、男性も女性もまったく同じに扱《あつか》われるべきだと、信じています。しかし、この「同じ」というところで、世の中はもめるらしいと知りました。

◎男性女性の互いの特性を活かす

男性も女性も、能力を生かすチャンスは平等に与《あた》えられるべきです。現状はなかなかそこまで行っていません。しかし、男性と女性とで異なるところも多々あります。このなかでどうしても代われないのが出産です。また、生理学的には、男性が闘争心や瞬発力が強く、女性は受容力や持続力にすぐれた傾向があります。互いの特性を活かして、社会づくりができたら、どんな素晴らしい世の中になるでしょう。冒頭に紹介した吉行さん新藤さんの対談では、妻を喪《うしな》った新藤さんが、「生活面では不自由ですね」というと、吉行さんは「男の方はそうだろうと思いますよ」と答えます。

　これは、男女の性差というよりは、これまでの日本の教育が「男は仕事、女は家事」と分業を進めてきたからだと思っています。

　これも先ほど紹介した三浦雄一郎氏のお父さんは一九〇四年生まれ、スキー指導者で山岳写真家でもあります。九十九歳の二〇〇三年三月には、息子の雄一郎さん、孫の雄大さんといっしょにモンブラン山系最長峰であるフランス・バレーブランシュ氷河を滑降《かっこう》して話題になりました。ふだんは、一人で家事をこなして生活していると聞いて驚きました。

　じつは、男性も家事能力は高いのです。しかし、幼いときから「やってはいけない」と躾《しつけ》られてきたため、その能力を発揮できずに老いを迎えてしまう人が大半です。

料理も、もとは男性の仕事だったというと驚く人がいます。男性のなかにも料理好き、掃除《そうじ》好きはたくさんいるのです。

そうした人たちが、このごろは堂々と家事を楽しむ風景が日本中でみられるようになりました。それぞれが楽しいことができる社会こそ、仏さまの住む極楽浄土であります。

「老い方」に男女の別はない、と思います。孤独を知って、生命の絆《きずな》を知って生きる時、老いのなかに無限の喜びが隠されていることを知りましょう。

足元を観照しましょう。天を仰いで観ましょう。周囲の風景をよく観ましょう。我の心、他の心を見つめましょう。

そこに、いやなことがあろうと、醜いものが見えようと、理趣経を読誦し、瞑想し、仏さまの声に耳を傾ければ、かならずや光の道を歩くことになるのです。

第五章　煩悩も生命力の発露

◎煩悩を抱えても落ち着いて照らし見る

「一切の無明煩悩《むみょうぼんのう》、大空三昧《たいくうざんまい》に入りぬれば、すなはちすべて所有《しょう》なく、一切の塵垢《じんく》すなはち財《たから》となる」

これは、自分のものだ、あれも、これもと、年を取ると自分の所有感覚が強くなります。思い切って、これを捨《す》てれば老いはかえって豊かでのびやかなものになります。

死ぬときには、この世のものは何一つ持っては行かれません。老いとは、いかに「身一つ」を綺麗《きれい》に磨《みが》いて旅発つのか、その準備期間であります。したいことをする。そのためには健康を保ったり、周囲の協力をお願いできる「徳」を積むことが必要です。

どれほどの煩悩を抱えていようとも、心が整っていれば、わが宇宙の闇までも落ち着いて照らし観ることができます。煩悩も、生命力の発露《ほつろ》です。煩悩の奥に潜《ひそ》む心の葛藤《かっとう》とは何か。光を照らして、よく観ましょう。一切のものは清浄だということが観えてきたら、老いの坂道もきつくはありません。

理趣経は、黙《だま》って読み解くものではありません。声をあげて読誦し、その言葉を何度もかみしめて、日々を生きましょう。必ず、観照の法門をくぐりぬける日がやってきます。

◎生きるという意思は「欲」

私は、人が大好きです。人と出会い、心触《ふ》れ合うとき、この世に生まれた喜びを仏さまと分かち合います。

どんなに行を積もうと、どんなに仏さまを感じて生きることができようと、この世という大きな船にともに乗り合わせた人たちとのご縁を結ぶ喜びは一入《ひとしお》です。

その喜びこそ、「この世」に生きるなによりの糧《かて》であり、目的ではないかと、年を経《へ》るごとに思いを深くしています。

そんな語らいのなかで、信者さんの一人が私に問いかけました。

「生きるっていうことは、意志の問題なんでしょうか」

突然に、いったいどうしたことかと聞き返すと、地震被害者の「奇跡」を特集したテレビ番組を見たそうです。

一組は、トルコだったでしょうか。地震で建物の瓦礫《がれき》に出口を塞《ふさ》がれてしまった母と娘のお話でした。娘は三歳。まっくらな中で明かりも水も食料もない狭《せま》い空間に閉じ込められた母子は、さいわい怪我はありませんでしたが、ほとんど身動きできない状態です。

いつ救援がくるかもわからないくらやみで母親は「もうだめか」

と思ったのでした。しかし、娘は「ママ、お腹が空いたよ」と訴えます。その声に「この子は生きたがっているのだ」と、母親はハッとしたのです。なんとか生き延びる方法はないか。食べ物も飲み水もなければ、救出まで時間がかかれば死んでしまいます。

しばらく思案した母親は「それしかない」と、決断しました。辺りに落ちていた金属の破片《はへん》だったでしょうか、鋭《するど》い切っ先を持ったものを拾《ひろ》った母親は、自分の指を切り付けました。流れ出る血を、娘に吸《す》わせたのです。両手のすべての指を切って、母の血を吸いながら娘は生き延びます。地震から八日目に、母と娘はようやく無事に救出されました。母とは、なんと強い存在でしょうか。

もう一つのケースは、台湾地震のときのものです。八歳だったでしょうか、少年がやはり建物の奥深くに閉じ込められました。声を上げますが、救援隊には届きません。少年は壁《かべ》を叩《たた》きはじめました。

トントン、トントンと何日も叩きつづけて、とうとう救援の人に音が届きました。ガマン強い少年の精神力が、生還《せいかん》につながりました。

生きるという意志は「欲」であります。生きたいと純粋に願うとき、その欲もまた純粋な響きをもって仏さまに届いて、救済の手を差し延べてくださるのです。

◎「夢」と「欲」は背中合わせ

アトランタ五輪だったでしょうか、ヤワラちゃんこと柔道の田村亮子選手が金メダルを逸《いっ》したことがありました。北朝鮮の選手に負けたのです。そのとき、「相手のどうしても勝つという気迫に負けた」という意味の談話を述べていたことを思い出します。

勝負は、勝つという意味だけではどうにもならないところがありますが、まずは勝つと思わないことには、勝利への道は閉ざされてしまいます。

モンゴル出身の朝青龍が、とうとう横綱になりました。初めて、モンゴルから横綱が誕生したことに、私の心は躍《おど》りました。パイオニアである旭鷲山が横綱になっていたら、どんなにうれしかったことでしょうか。しかし、弟弟子の朝青龍がついに夢を実現させたのです。モンゴルは国を挙《あ》げて、この朗報《ろうほう》をお祝いしました。

私にとって、モンゴルはとても親しい国であります。旭鷲山が私の寺に来て修行したという縁を初めとして、日本モンゴル国交三十年の記念切手に私の肖像《しょうぞう》を意匠《いしょう》していただきました。ほんとうに名誉なことであり、そのときの訪問では、終生忘れぬ歓待《かんたい》を受けました。相撲は、私の青春の一ページを飾《かざ》るものでもあり、横綱朝青龍の活躍を精一杯応援してるところです。

その朝青龍、相撲はしっかりやるしかないと、決意を語ります。日々の精進をおろそかにせずに先達の開いた道を、前を向いて進んできた結果の栄誉でした。

あの笑顔を見ると、横綱昇進という欲が、どれほど昇華されたものか、思い至ります。その夢は、朝青龍一人のものではなく、ご両親、新婚の妻、モンゴルからの力士全《すべ》て、いやモンゴル人民全ての夢となって実を結んだのです。

残念なのは、日本人力士の活躍が見えてこないことです。朝青龍の優勝と入れ替《か》わりに平成の大相撲を背負ってきた横綱貴乃花が引退しました。中学卒業と同時に、兄の若乃花とともに父親の二子山親方（当時は藤島部屋ですが）に入門して、親子を超えての相撲人生を歩いてきました。

りりしい若武者だった貴乃花も、右膝《みぎひざ》の故障《こしょう》が完治しないまま、とうとう土俵をさることになったのです。

後につづく日本人横綱がいないとは、どうしたことでしょう。日本人の環境が変わったからと言われます。きびしい相撲の世界を生きることを嫌《きら》うようになった。ハンバーガーなどの食事では、丈夫な身体を造ることはむずかしい。トイレをはじめ洋式の生活によって、足腰が弱くなった……。

さまざまなことがいわれています。何より日本人から消えてしまったのがハングリー精神でありましょう。モノにあふれ、穏《おだ》やかな生活のなかで、若者たちの荒《あら》ぶる魂は丸くなって闘争心が弱くなっているのではないかと私は思っています。

相撲にお話を戻しましょう。栃錦と若乃花が活躍した戦後の大相撲黄金期ころから、すでに今日の予感はありました。弟子入りしたいという日本人の少年を探すのが次第に難しくなりつつあったのです。それでも、高度成長期初期のころまでは、北海道や東北あるいは九州など、古き良き日本の心が残っている土地で弟子を探すことができました。辛抱《しんぼう》強く大きな夢に向かって闘うことができる子どもたちです。しかし、日本列島改造によって各地の生活が同じように便利になると、そうした少年たちはますます少なくなっていきました。

そうです、夢と欲とは背中合わせなのであります。

現実の暮らしを変えたいと思う心が夢の温床《おんしょう》です。もっと豊かな暮らしがしたい。もっと注目を浴びたい……。そのために、人々は夢を持って生きていきます。

第六章　煩悩をそのまま覚りの糧として生きる

◎闘争心とは自らの戦いのために奮い立たせるもの

闘争心は、現代日本では「悪いこと」のように言われます。しかし、スポーツに闘争心がなければ、勝つことはできません。闘争心とは、じつは相手に対して持つものではなくて、自分との戦いのために心をふるい立たせるものなのです。

勝つ自分になるために、あきらめないで闘う精神を造るために、闘争心はあるのです。「いつ自分が引退するときがきたなと思ったかというと、あるマラソンレースでスタートラインに立ったときにちっとも緊張していない自分に気がついたんです。そんなことはいままでにはなかった。それまではいつだって、ものすごく緊張して手に汗がにじんでいたのに、そのレースにかぎっては全く緊張していなかった。そのとき、ああ自分はもう引退するべきときにきたんだなって悟りました。普通、緊張するのはよくないことだといわれていますけど、逆で、まだ力があるから緊張するんです。緊張できなくなったら、そのときはもう終わりなんです」

　これは、マラソンの名ランナーである宗茂さんの言葉です。じつは、この言葉について斎藤孝さんが、語っています。斎藤さんは、新進の教育学者で、『声に出して読みたい日本語』という本を書いて、大ベストセラーになりました。

「国語教育とは、いえ教育とは読めばいいというものではない。身体を使って覚えることが大切だ」というお説に、私は共感を覚えました。

　それは、まさにお大師さまが説く「身《しん》口《く》意《い》のはたらき」を重んじる考えだからです。とりわけ、文章は大きな声で読むことが大切です。斎藤さんは、実際に子どもたちに声を出すトレーニングもしているとか。私たちが、この世に生きるために仏さまからいただいたこの肉体のあらゆる器官を生かすことが、仏さまの世界に通ずるのです。

声を出して読む、伝えることは、響き合うことです。響き合うことが心通うと大きな力となるのです。

さて、宗茂さんの引退について、斎藤さんはこんなことを言っています。「緊張できるのは力があるからだ」ということの言葉に私は何度も励《はげ》まされてきた（『くんずほぐれず』）。緊張は「あらたな力の湧出を感じる」ものだと、斎藤さんは指摘します。

緊張が悪いことのように言われるのは、緊張ということを「悪く受け止めている」からです。だれも、真剣にものごとに挑戦するときは緊張します。それは、いくつになっても同じことです。年齢を重ねれば、緊張することによって現れる状態がちがってきます。

私は、いまも日々の行の前にはまず一瞬の緊張を覚えます。その緊張が、行に立ち向かう無意識の意欲となり、その場にいる人たちをともに一つの気持ちにする、いわば合図のようなものだと感じています。

行に入ってからは、じつは緊張のし通しといってもよいかもしれません。張り詰めた空気のなかで、祈りが仏さまに届く清烈な時が生まれます。わずかの動きも伝わる、それはそれは「緊張」のときなのです。

それゆえ、緊張をわるいことだと思ったことはありません。ただ、緊張によって自分を自縄自縛《じじょうじばく》の状態に追い込んでしまう人もいます。その緊張は、現し方をかえたほうがよいでしょうね。

宗さんは、緊張したからといって、それに縛《しば》られて走れなくなるわけではありません。緊張によって、心身を全開にして走って素晴らしい成績をあげてきたのです。

◎大人になって菩薩になる

生きることとは、日々闘いの連続です。もういいやと思っても、生きることをやめるわけにはいきません。生きるために、自分を充分生かすために、人のために力を存分に発揮《はっき》するために、私たちは菩薩にならねばなりません。

菩薩になるにも、欲は必要なのです。どのような形であっても、純粋な心から発したものは、みな清らかなものであり、生命のエネルギーとなるというのが、理趣経の教えです。それだけに、何が純粋なのかという点について、利己的な判断をしたのではかえって教えに背《そむ》く結果になります。

菩薩に成ることは、大人になるという意味でもありましょう。怒らない、貪《むさぼ》らない、おろかな考えを捨《す》てるのが、大人というものです。年齢を重ねれば大人になれるかといえばそうではありません。昨今の日本人は、大人が少なくなっています。

子どもなら、生きることに責任はなくともよいのですが、大人であるかぎり、自分の行動に責任を持ち、弱い人たちを助けねばなりません。あなたは、自分で大人だと思っていますか。あいかわらず、ピーターパンのように大人になることを拒否する心を抱えてはいませんか。もっと、自分の心を磨《みが》きましょう。精神をしなやかに強くしましょう。身体を健康に動かせるトレーニングをしましょう。

南海の島の文化遺産「モアイ像」に、自分の名前を刻《きざ》んで逮捕された日本人がいました。その日本人は、なんで逮捕されるのかもわからなかったということで、現地の人たちはたいへん怒っていました。

東大寺の歴史遺産に釘《くぎ》を打ちつけてしまうのも、モアイ像を傷つけてしまうのも、日本人の文化度が低くなっているからです。教えられなかったから、罪がないというものではありません。人々が大切にしてきたものを尊重することは、人を敬《うやま》う心さえ育《そだ》てていれば、誰にでもわかることです。

菩薩の心で教えを聞くようにという理趣経は、それだけ心のありようを問われるものであります。

お釈迦さまが仏教を開いてのち、大乗仏教と小乗仏教とに大きな流れができたことは、いつもお話しているところです。大乗仏教は衆生を救うことを誓願《せいがん》する菩薩の存在があって成り立つものです。

◎肯定して受け入れて清らかなものになる

「円明《えんみょう》な覚りの光りを彼方《かなた》に見つめて一歩一歩前進《しん》し体現して行く」のが波羅蜜道《はらみつどう》の菩薩であり、これに対して「特殊な秘法（三密《さんみつ》瑜伽法《ゆがほう》）に依《よ》って直ちに覚りそのものと一つになり、自ら光を放って暗夜を照らしていく生き方をとった」のが真言道の菩薩だと、三井英光師は明快に述べています（『理趣経の講話』）。

即身成仏によって迷いの現世を超越した菩薩は真言密教の菩薩であり、金剛薩埵の菩薩なのです。この世にあって、煩悩を切り捨てて覚りを得たのではなく、煩悩をそのまま覚りの糧《かて》として仏の世界に生きることができる、それがお大師さまの教えです。

さきほどの宗さんの言葉でもわかるように、緊張という状態は良くも悪くもありません。それを良いことだと受け止めて進むのか、悪いことだと恐れてしまうのかによって、次の展開は大きく違います。

密教は肯定の宗教だとされます。肯定して肯定して、受け入れて、清らかなものにしていくのです。

仏さまへの道が、永遠のように遠くにあると考えて辛《つら》い道中を耐《た》え、下を向いて歩くのか。あるいは、辛い旅でも、どこかに必ず、仏さまの光がいつも在るのだと信じて、前を向いて光を探しながら胸を張って歩くのか。結果は、自ずと変わってくるでしょう。

旅を愚痴《ぐち》らず、より困っている人を助けながら歩くとき、金剛薩埵がきっとみつかりますよと、密教は教えているのです。

人生は、一瞬にしてガラリと変わる可能性を秘めているもの。コツコツと積み重ねる心を持って歩いていると、足腰が丈夫になりますから、金剛薩埵に会える機会も増えるというものです。

第七章　悩みを受け入れる。悩まない

◎「欲」を磨いて清らかな覚りを得る

密教が、一瞬にして成仏する道だからといって、宝クジを買いもせず、どこかに落ちていないかとキョロキョロ下を向いて歩いていたのでは、金剛薩埵《さった》にも、幸運を運んでいるどんな菩薩にも会うことはできないでしょう。この世に生きる菩薩が、生命の源《みなもと》である大日如来から教えをいただくのですから、この世の欲さえも、智慧と慈悲とによって磨《みが》けばみな清らかな覚りの種子《しゅじ》となるのです。

「私は目がみえませんが、みんなの優しさが聞こえます」

そんな素晴らしい言葉を聞かせてくれたのは、井上美由紀さんです。生まれた時が五百グラムの超未熟児で、誕生直後から全盲になりました。

お父さんとお母さんは、親たちから結婚を反対されていました。美由紀ちゃんがお腹にいるとき、お父さんは交通事故で亡くなります。そのショックだったのでしょう。お母さんは早産で美由紀ちゃんを産みました。

実家にも頼れない、夫を亡くしたばかりの悲しみのなかで、お母さんは超未熟児の美由紀ちゃんを得たのです。

医者は、美由紀ちゃんの生命も長くないだろうと、お母さんにいったそうです。しかしお母さんは言いました。

「いえ、私の子は絶対に死にません」

お母さんは、病院の保育器の横に立って、小さな窓から手を差し入れて、美由紀ちゃんの手をにぎります。指はツマヨウジほどの細さしかありません。お母さんが、必死に「生きるのよ」と声をかけると、美由紀ちゃんはそのか細い指でお母さんの手を握《にぎ》ったというのです。

来る日も来る日も、お母さんは病院に通いました。体重が減ったり、呼吸が小さくなったり、ハラハラし通しでしたが、ほかに誰もお母さんを励ましてくれる人はいません。

病院の面会時間は、三十分と決められているのですが、お母さんはずっと美由紀ちゃんに話かけて、「時間ですよ」と言われないような雰囲気をつくって、強引に保育器の横にいつづけました。

そんなある日、看護師さんが黙《だま》って一脚《いっきゃく》の椅子《いす》をお母さんのところにもってきてくれました。その心が嬉しくて、お母さんは思わず声をあげて泣いてしまったそうです。

美由紀ちゃんのお母さんの愛が、地震を生き延びた母の愛に重なります。親子の愛、夫婦や男女の愛は、じつは迷いの元だとお大師さまは教えます。

「それ生死の河は恩愛に由《よ》りて深広なり。涅槃《ねはん》の山は福徳を積んで高大なり」（『理趣経開題（生死之河）』）

この「生死」を、現代語訳は「まよい」と読ませています。この世に生きて死ぬという生命の流れは、恩と愛によって深く広くなっている。恩とは父母などの恩であり、愛とは妻子などの愛である。涅槃は「さとり」です。その山は、福徳と智慧とを積んで、高く大きい。

◎生きるという根源の「欲」は涅槃の元

お大師さまには、このように理趣経についての教えがあるのです。しかし、これを苦しみとした教えを語りはじめます。

恩愛は、とかく世俗を超越した世界にいたる船を途中でくつがえし、「まよい」の煩悩の世界に人々をつなぎとめる綱を結ぶのだ、と言われます。

迷いに溺《おぼ》れてしまえば、苦しみに沈んでしまいます。何度も生まれ変わり、人はみな、その迷いの闇から浮き上がることができずに「河」を流れていくのです。

しかし、その苦しみから開放されるために孤高の人生を送れば悟りにいたることができるかといえば、そうではありません。

福徳を積み、善を修めて、恩に報いることによって苦悩を取り去り、「すなはち自利他利の功徳を」具《そな》えるようになれば、さとりの山に至ることができる、と教えます。

どのように迷いの河から涅槃の山にいたることができるのか、そこには理趣経の功徳があると説いておられます。

「慈騎に策《むちう》て」「悲車に脂《あぶら》さして」と、お大師さまは恩愛の迷いの河に溺れる人々を助ける聖王の活躍を描きます。

慈悲の心こそ、迷いを払《はら》って衆生を救う最初の「武器」なのです。知慧の光によって心磨《みが》いて仏さまの世界に住むようになれば、生きるという根源の「欲」は、迷いの元ではなく「涅槃」の元になるのです。

地震で娘と閉じ込められた母親も美由紀ちゃんのお母さんも、その慈悲と智慧をもってわが子を救おうとしたのです。菩薩の心になったのだと思います。

ようやく、美由紀ちゃんが生きていけると思われたときに、医師から盲目になると宣告されたのです。お母さんは、美由紀ちゃんといっしょに死のうと思いました。家でひとりぽっちで、死ぬことを考えました。苦しくつらい時間が経っていきました。考えぬいて、お母さんが行き着いた考えは、美由紀ちゃんを殺せない、ということでした。

「どんな苦労も、殺す地獄よりましだ」

お母さんの闘いがそこから始まりました。盲学校をたずねて教師に相談すると、「見えないことは忘れてください。手が目のかわりです。親の腰の据《す》え方ひとつで、その子の将来がきまります」そう言われて、子育て上手の母親を紹介してもらったそうです。その家へ行くと、見えない子どもを育てるためにさまざまな工夫がしてありました。おかあさんの前に道が開けたのです。

それから、おかあさんは美由紀ちゃんを退院させました。母と子の触れ合いが美由紀ちゃんのココロの成長に必要だと知ったのです。さまざまな工夫をして、子育てが始まります。音が美由紀ちゃんの、もう一人の「親」になります。オモチャやピアノ、音が出るものに美由紀ちゃんは好奇心を抱いて育ちます。

おかあさんは、美由紀ちゃんが転んでも助けません。見守っているだけです。やがて一人で起き上がって、次のことに向かっていくのです。愛情はたっぷり、しつけはきびしく。それが、お母さんの子育てでした。お母さんは必死に生きる道を探しているうちに、慈悲と智慧とを知ったのです。

成長した美由紀ちゃんが『生きてます、一五歳』という本を書いて、四十一万部というベストセラーになりました。ここに書いたものは、その続編『元気です、一七歳』（ポプラ社）を引用したものです。

このごろは、あちこちで自分の体験を講演するようになった美由紀ちゃんに、ある時同じ全盲の小学五年生がたずねてきました。自分は見えないことを毎日悩んでいるのに、美由紀ちゃんはどうしてそんなに強くいられるのか、と問い掛けました。

「私は生まれつきみえません。みえないことはどうやっても変えられません。変えられないなら、なやんでもしかたがないじゃないですか。みえないのが事実なんだから受入れて、前向きにいくしかないと思います」

美由紀ちゃんは、そう答えました。

「その通り」、と私は声をあげたくなりました。私の寺に、たくさんの方がみえますが、どなたも心に悩みを抱えています。悩みを解消するにはどうしたらいいのでしょうと尋ねられます。

「悩まなければいいんです」

私の答えに、びっくりする方ばかりです。どうしたら、悩まないようになるのでしょうか。「悩みを受入れなさい」と、私は申します。困ったこと、いやなこと、つらいことから逃げようとすると、そのことばかり考えて、かえって苦しみの底に沈《しず》みます。

第八章　失う不安より持てる喜びを大切に生きる

◎「夢」に年齢はない。「夢」を持とう

美由紀ちゃんが、まだ少女なのにこのような答えができるのは、お母さんの愛情の賜物でしょう。生きてほしいと願って、超未熟児の美由紀ちゃんは無事に育ちました。全盲《ぜんもう》というハンデキャップを、スパルタ教育で補《おぎな》うことにしたのです。母の強い強い愛が美由紀ちゃんを元気で優しい子に育てたのです。

私たちは、いつも河っぷちを歩いているようなもの。菩薩の心を得れば、河に沈む不安から解放されるのです。

そのためにも、夢を持ちましょう、と私は提言しています。河の畔《ほとり》を歩くとき、河の流れにばかり気を取られていると、かえって足をすべらせたりしてしまいます。自転車に乗って、あぶない

と思っていると道の端に寄っていってしまうのと同じことですね。

前を向いて歩けば、河がどこに流れていこうとしているのかを見渡せます。自分の夢をどこに定めれば、河に落ちずに歩いていけるのか、わかるようになりました。

大企業の社長さんから聞いた話だと、これも信者さんからの受け売りです。現代の日本はたいへんな不況です。しかし、お金がないのではないのです。みんな使わずにじっと持っています。日本は相変わらず世界の経済大国なのです。

なぜ、使わないのでしょう。それは「持てる者の不安からだ」と、その社長は言ったそうです。戦後まもない時代、日本人はいまよりずっと貧乏でした。家もなければ食べ物もない、もちろん貯金もありません。しかし誰もが明日に希望を持っていました。夢を持って、それを実現したいと元気に生きていたのです。

次第に金持ちになった日本人は、こんどは蓄《たくわ》えが減る不安を心にため込むようになりました。心に希望があるとき、貯金がなくともみんな元気だったのに、いまでは食べるものにも困らないのに、住む家もあるのに、明日のことばかり心配して、今日の喜びをみつけようとしなくなりました。

何も持たねば、失う不安もなく生きられます。その「不安」に覆《おお》われてしまう心持ちをお大師さまは「生死の河」とよびました。しかし、持っている喜びもまた生きる糧《かて》になるのです。失う不安よりは、持てる喜びをたいせつに生きること。それが、お大師さまの教えであります。

評論家の秋山ちえ子さんは、八十五歳で、四十五年間つづけてきたラジオ番組を引退しました。「秋山ちえ子の談話室」と言う番組は、毎朝、秋山さんの社会時評をおだやかな声でわかりやすく話して人気がありました。一万二千五百十二回という放送回数は、世界でも例をみない長寿番組だとか。

その秋山さんに夢があって、ご近所に住む俳優の島田正吾さんが毎年、一人芝居を続けているから、九十九歳の白寿の舞台を、八十八歳の米寿になる秋山さんがラジオで語りたいのだそうです（朝日新聞「暮らしの風」）。

夢に年齢はないということを、秋山さんが教えてくれます。その夢を抱いているから元気で今日も生きられるのです。

究極の夢とは、菩薩になることでありましょう。そんな偉い存在にならなくともよい、普通に暮らして人生をまっとうできればそれでよいと思っているあなたも、心のどこかで人の役に立つことをしてみたいと思いませんか。

◎心を磨いて不安を吹き飛ばして生きる

菩薩になるのは、楽しいことです。人間は他人の喜ぶ顔を見るのが好きな動物です。他人が喜んでいることが、なぜうれしいのかと考える人は、心にホコリが溜《た》まっている人です。ほんとうの自分が見えない人です。

「これ龍猛菩薩《りゅうみょうぼさつ》、南天鉄塔《なんてんのてっとう》の中より誦出《じゅしゅつ》するところの如来秘密蔵の根本なり。応化仏《おうけぶつ》の所説には同ぜず。三世の一切如来、みなこの門に従《よ》りて成仏す。余教に成仏と説くは、竝《ならび》にこれ方便引摂《いんじょう》のみ。これ究竟《くぎょう》の実談にはあらず。有智《うち》の人、知らざるべからず」

お大師さまは『理趣経開題』の一つ、「生死の河」の巻をこのように書き結びます。

現代の言葉に訳しましょう。

「(理趣経が含《ふく》まれる『金剛頂経』は)、龍猛菩薩が南インドの鉄塔の中からとなえ出した如来の秘密の教えの根本なるものである。人びとの求めに応じて身体を現《あらわ》した仏の、人びとの能力に応じて説いた経典とは異なるものである。

過去・未来・現在の三世にわたるすべての如来は、みなこの教えの門によって成仏したのである。

他の教えにおいて成仏と説く場合は、全てただ人びとを救う手だてをもって導き摂《おさ》めるための言葉にすぎない。これは究極の境界を真実に語ったものではない。智慧のすぐれた人はそのことを知らねばならない」。

『理趣経』というものは、他の経典とは違う教えであり、如来が成仏する尊いものなのだとお大師さまは解説します。

心にホコリを溜めているのに気づかない人びとにとっては、清らかなものさえ汚れて見せてしまいます。あるいは、汚れているのに気づかないまま抱えて生きていくのです。『理趣経』とは、その心を清らかにしてから教えを聞くものなのだと、お大師さまは言っておられるのです。

この尊い経典を、南インドの鉄塔の中からとり出したのが、龍猛菩薩です。そもそも真言密教の活動がもっともさかんに行われたのが、南インドの地方でした。人々は密教の経典を集めて、キストナ河の中流にあるアマラバチ村の大塔のなかに収めて守っていたのでした。この塔そのものが、宇宙の大霊である大日如来の象徴とされます。

インドの民衆に伝わるさまざまな呪術までも包み込んで、密教は隆盛期を迎えます、紀元八世紀のころでした。

密教が他の仏教とちがうのは、まずは大日如来があらゆる所であらゆる時に説法されているということです。森羅万象が仏さまのメッセージである。神秘体験を経てそのメッセージを読み取り、感じることができた人が、生命が持つ無限の可能性を知るのだと、密教は教えるのです。

道徳や倫理という社会のルールを超えたところに、真実の姿が見えてくるのです。そこに気づくのが、仏さまの世界に目覚めた人なのだというのが、密教の究極であります。

心を磨いていない人が、この教えを知ったらどうなりましょう。神秘体験によって得たと思いこんだメッセージを利己的な目的に使ってしまうこともあります。しかし、それは真実のメッセージではありません。曇った鏡に映るのは、ゆがんだ形でしかありません。『理趣経』が説く教えとは、心の鏡を磨いていないと、かえって大きな間違いをしてしまうおそれがあるのです。

生命のほんとうの姿を知って生きるために『理趣経』を聞くことができるように、私たちは心を磨いて菩薩を目ざさねばなりません。夢という大欲を抱いて、「持てる不安」など吹き飛ばして生きましょう。

【大日如来を中心に描く曼荼羅】

第九章　生きることは自分と異なった
ものとの出会い

◎自然の摂理の精密さ

人はどう生きるべきか。

人類が、宗教や哲学的な考えを持つようになってこのかた、「どう生きるべきか」というテーマが問われ続けてきました。

ところが、二十世紀末のある現象が、このテーマを飛び越えて、「人間とは何か」という、もっと根源的な問題を人類に突きつけました。

それは、クローン動物の登場です。

一九九五年、英国の研究所が一匹の羊が誕生したと発表しました。雌雄の結合によって生まれたのではなく、一方の遺伝子から新しい生命を創り出したのです。

クローン羊はドリーと名付けられました。哺乳類《ほにゅうるい》のクローンを誕生させることができるということは、人間にもその技術を応用できることになります。

精子と卵子の結合という、自然の采配を排除して、一人の人間の遺伝子だけを受け継ぐ人間を創りだすことが、理論上で可能になったのです。

二〇〇二年には、欧米の宗教団体がクローン人間を誕生させたと発表しましたが、これはいまだ確実なデータが公表されず、その存在が疑われています。

クローン羊のドリーは、二〇〇三年に亡くなりました。ドリーは幼いときから関節炎にかかったりして、老化現象が見られました。このほどの死因も、その年齢ではないような病状だったと伝えられています。

自然の摂理とは、なんと精密なものなのでしょうか。私はあらためて驚いています。生きものは生まれたときから老いがはじまります。しかし、その速度はゆっくりとしたものです。ところが、ドリーは「親」の老いをもコピーして生まれていました。この世に登場した年月と、遺伝子が持つ情報の年齢とがくいちがっていたのです。

もう一つ、「考えるロボット」の開発が進んでいるそうです。故手塚治さんの代表的なマンガ『鉄腕アトム』は、二〇〇三年四月七日に誕生したと描かれました。お釈迦さまの誕生日と一日違いなのが、ちょっと残念な気もしますが、それはさておき、マンガができたころは、二十一世紀など、誰もが遠い未来と思っていたのに、もう空想の時代がやってきてしまったのです。

すでに、人類は月に到達し、宇宙の彼方から届く極く小さなシグナルも捕らえることができます。

ロボットの研究は日本が進んでいるそうですが、呼びかけに答えたり、状況を判断して行動するロボットもできているとか。やがては、介護などに活躍させたいと、研究者は考えていると聞きました。転んで自力で起き上がるロボットが発表されて、それが現代世界の最高水準だと、東大教授が語っていたのが印象的です。

二十一世紀はロボットの世紀ともいわれているそうですが、やはり、人間が生きるということ、煩悩も持ちながら成長していく存在を大切にしたいと思っているところです。

クローンの登場は、さまざまな問題をはらんでいます。そして一方、私たちが当たり前だと考えていたことを、もう一度問いなおすきっかけにもなりました。

両親から異なった資質を受け継いで、私たちはゼロから出発し、切磋琢磨《せっさたくま》しながら人生を送ります。それが「誕生」なのだと信じてきました。しかし、父親だけ、母親だけの資質を受け継ぐということとは、いったいどういうことなのでしょうか。

小説のなかで、クローンとして生まれてきた少年が、自分の出生について悩む場面がありました。人類は、新たな煩悩を抱えることになったのです。

ドリーが、生まれた時から老化現象が見られたというところに、私は仏さまの教えを感じています。

二つのものを一つにする。それが、生命の果たす大きな役割なのではないか。いまさらながら、お大師さまが、金剛界と胎蔵界と両部の曼荼羅によって教えを説かれたのは、この現世のはたらきを教えておられたのだと感じいっているところです。

雌雄の合体によって誕生する生命こそ、慈悲と智慧とによって表現される宇宙を創る力を持っている存在なのではないでしょうか。どのような状況から生まれた生命であろうと、一つの生命は地球より重いものだと、人類は伝えてきました。

それは、理論から生じた考えではなく、人間の奥底にわき上がる感覚として、感じ取ってきたものです。お大師さまが教えてくださる仏さまの意思そのものでありましょう。

◎性愛は「清浄」なもの

理趣経が説いている生命讃歌は、異なるものから新たな生命が誕生することの尊さを教えているのです。

「所謂妙適清浄句是菩薩位　欲箭清浄句是菩薩位　触清浄句是菩薩位
愛縛清浄句是菩薩位　一切自在主清浄句是菩薩位」

理趣経のなかでも、古来注目されてきた句であります。

一切は清浄であり、菩薩の位を持つものなのだ、と説くこの経文は、ズバリ性愛のことを表現しているとも解釈されています。

インドやチベットなどには歓喜仏と呼ばれる男女の結合体を仏像として祀る教えもあります。

性愛がなぜ清浄なのか。それは、異なった存在を求め合う究極の形だからです。

私たちの身体を考えてみましょう。外見だけでも、上から下まで同じ形のものはありません。上下があり左右があり、その対照形も少しずつ違っています。

成長するから、形が造られます。この世は生命が変化し動いていく場所なのです。その変化や動きによって、私たちの身体の形が出来上がっていきます。

生まれながらに持っている資質に成長する過程でどのように動くのかによって新たなものが加わります。

一つのものだけでよいのなら、単細胞の生物だけが存在すればよいことになりますね。しかし、そんな世界はつまらないから、仏さまは無限とも思えるほどの生きものを誕生させて、大きな自然を創りました。

その万華鏡のような輝きによって、私たちの人生は豊かに生きることができるのです。生きることは、自分と異なったものと出会うことなのです。出会って、衝突したり、反発したり、寄り添《そ》ったり、同調したり、否定したりします。

お互いに求め合う心が強く、純粋であるなら、そこに生まれる性愛は清浄なのだと、理趣経は説いているのです。

この句は、さらに続きます。

「見清浄句是菩薩位。適悦清浄句是菩薩位。愛清浄句是菩薩位。慢清浄句是菩薩位。荘厳清浄句是菩薩位。意慈沢清浄句是菩薩位。

光明清浄句是菩薩位。身楽清浄句是菩薩位。色清浄句是菩薩位。声清浄句是菩薩位。香清浄句是菩薩位。味清浄句是菩薩位。何以故。一切法自性清浄故。般若波羅蜜多清浄」

見、適悦、愛、慢、これらも男女の愛欲の表現であり、自己愛だとする解釈もありますが、大きくとらえれば、人間が持っている本能の表現でありましょう。

荘厳、意慈沢、光明、身楽、色、声、香、味と、いずれも生命が喜びを感じ取るものであります。現代でいえば、音楽や絵画など芸術に浸《ひた》る喜び、登山やアウトドア、グルメや茶道、華道、香道、アロマテラピーなどなど、この文字から連想されるものが次々に浮かんできます。

現代の日本がどれほど豊かな社会になっているのか、この経文を読みなおしてみると、はっきりわかります。

第十章　人間の本質を率直に突いた経典

◎人間が喜びを感じるものの本質の表現

理趣経が編《あ》まれた古代にあっては、現代日本の娯楽が存在していたわけではありませんが、ここに説かれた欲望の数々は、人間が喜びを感じるものの本質を表現しているのです。

理趣経は、まさに人間の本質をズバリ率直に突いているのです。そのうえで、そうした欲望をどのように考え、自分のなかで鍛《きた》え、磨《みが》いて善い方向にもっていくのかと、教えているのです。

学校の教室を思い浮かべてみましょう。

優等生がいます。勉強がきらいな子もいます。元気な子がいます。元気すぎる子もいます。おだやかな子がいます。おとなしすぎる子もいます。全部が集まって、一つの教室が成り立っています。

しかし、教室で見せる顔だけが、その子の本質ではありません。家庭ではどんな子なのか、学校の外ではどんなふうか。友だちとの付き合いはどうか。そこで見せた顔だけで判断してはならないのです。

勉強ができるからといってほめてばかりいたら、陰で小さな子をいじめているような生徒だった。元気すぎる子はじつは心に大きなストレスを抱えていた。表面に表れることだけで判断したのでは、本当のことはわかりません。

教育とは、一つの教室を整えることではなく、子ども一人ひとりが持っている資質がどんなものであるのかを見極めて、その資質を伸ばしたり、あるいは是正して育てていくものだと、私は信じています。個性をつぶさず、全体の調和を考えていくと、一つの教室が活き活きとしてきましょう。まずは、一人ひとりの生徒が、どんなときに喜びを感じているのかを知ることが大事です。

喜びを感じるものが、その子どもの生きる原動力になっています。友だちと話しているときに輝く子、本を読んでいるときや調べごとをしているときに満たされている子、運動しているとき、音楽の時間、給食の時間、あるいは親のことを話すとき、目標や夢を語るとき……。

個性とは、喜びの色を表現しているものでもあります。個性を理解して生かすことは、全体を生かすこと。個性に引きずられ、ふりまわされることとは違うのだということを、教師自身が心から分かって行動することで、教室は大きな生命力に輝いて、元気な子が育っていくのです。

人は喜んでいるとき、心が開きます。同じように、人間が楽しいと感じることの本質をまず見極めて、その意味を追求していったのが、理趣経の入り口「大楽」の教えだと、私は読み解いています。大楽とはなにか。人間が生きるということは何なのか。

◎田原総一朗・節子ご夫妻のこと

子どもは無心に喜びます。しかし、大人になると、無心に喜ぶことはなかなか難しくなります。社会に生きることは、ときとしてルールから外れたり、他人を傷つけてしまったりします。そうした、ジレンマをどう生きるのか。理趣経に見る仏さまの教えはその辺りの深い潤蜜をもとに説いてもいるのです。テレビで活躍しておられる田原総一朗・節子ご夫妻が『私たちの愛』（講談社刊）という本を上梓しています。

ご夫妻ともに親しくさせていただいてきました。このご本はご自分たちの人生をふりかえって、どう生きてきたのかをあるがままに書いておられます。よくぞ、ここまでと思うほど、正直に書き綴《つづ》った内容です。読みながら、私はまさに理趣経の世界だと感じました。お二人が知り合ったのは、四十年も前のことでした。田原さんは新進の映像ジャーナリストで、節子さんは日本テレビのアナウンサー、いまでいう「女子アナ」の走りです。

出会って、心が惹《ひ》かれ、やがて結ばれますが、出会ったときにはお二人とも家庭がありました。それぞれに妻と娘、夫と娘がいたのです。その心の葛藤《かっとう》を、お二人は書いています。少し長くなりますが、引用させていただきます。自己弁護するでもなく、誰のせいにするのでもない率直な言葉を、まずは知ってほしいと思うからです。

「ぼくは妻も子どもたちも愛していた。他人に負けないほど愛していた。快適で楽しい、そして妻や子どもたちに不自由させない家庭をつくり、持続させねばならないと思い、十分責任を感じていた。その意味では、ぼくはいささか古い家長的意識のかたまりだったといえるかもしれない。

　ところが、京都で彼女と心が結びついたことで、まったく違う世界が開けた。うまくやっていくとか、折り合いをつけるとか、そういう範疇《はんちゅう》の外に、新しい世界ができた」

　田原さんは、語ります。

「罪の意識はもちろん重くのしかかっていた。……僕は戦前の教育を受けている保守的な人間である。……彼女と深く交わることが、ぼくの倫理感では当然ながら許されざる誤りである。だが、彼女は入ってはならない衝突回路に入るのを止める保守性を破らせる存在だったのだ。正しい、間違っている。損、得。周囲の人に迷惑をかける……」

　活字にしてみれば、それだけのことです。しかし、どれほど書き募っても、その迷いの深い淵を語り尽くせるものではないと、私は簡潔な文章を感じとりました。

「勝手なものだろうか」とも書いています。正しい、間違っている。勝手かどうか。

その判断は、じつは立場の違いによって、それぞれに違ってくるものです。一方の節子さんの気持ちも、ご本を引用してみましょう。

お二人は湘南二宮の宿で結ばれました。

「二宮であった出来事は自らが望んでいたこと。二年近く話ばかり続けたすえに、ようやくたどり着いた一つの目的地でした。だれが見ているわけでもないのに、わけのわからない緊張に包まれながら、これでよかったんだ、というある安堵感《あんどかん》に私は満たされていました。

……二つの家庭が破綻《はたん》する理由はありません。穏《おだ》やかに暮らし続ける正当な権利があります。二人には、二つの家庭をこわすほどの蛮勇はありません。もちろん権利は皆無です。なにより二人ともそれぞれ家庭を愛していました」

お二人は、暗黙のいくつかのルールをつくったそうです。「二つの家庭の中で、二人はそれぞれの役割を十二分に果たすこと。ときには二重人格者のようになって分裂しそうなこともありましたが」節子さんと田原さんは、おそらくそのことについて徹底的に話し合って、この矛盾に向かい合ったのです。

その生き方が正しいとか、間違っているとかについて、私はお話しするつもりはありません。なぜなら、仏さまの教えとは、社会の倫理感を超えたところに生じる煩悩《ぼんのう》を、どのように救うかという慈悲と智慧の集大成だからです。

田原さんご夫妻は、二人を結び付けた性愛についても、それぞれの言葉で表現しています。このところが、従来の「告白本」になかったところではないかと思います。性愛だけを取り立てて語るのでもなく、お二人の人生の一つの重要な事実として書いているところに、かえって心打つものがあるのです。

「それまでセックスというのは、食欲、睡眠欲、物欲、名誉欲といった欲の一つに過ぎなかった。セックスがどこまで奥深いものか、どういうことができるのかといったことはあまり考えてこなかった。セックスの中で新しい発見があるとか、セックス自体が一つの巨大な世界だとか、そういうイメージはいっさいもっていなかった。……セックスは体と体のふれあいもあるけれど、想像力をすごくかきたてられるもので、それによってまた性の世界が広がり、強まっていくということも知った。すべて新しい発見。その連続だ」これは田原さんの言葉です。

第十一章　煩悩から逃げない

◎田原総一朗・節子ご夫妻の愛

「二人とも幼くて、とても初々しく、生真面目でした。とにかく会いたくて、いっしょにいたくて、もっと近づいていたくて、体全体でいっしょにいたかった。私は恐る恐る近づいていきました。……女はおのれの体内に子宮という小宇宙を抱え込んでいることになる。絶頂感の瞬間に、子宮が天なる宇宙と連動しているような宗教的な感覚にとらわれるのは、そういうことだ、とこれも、彼とのセックスを通じての発見でした」

これは、節子さんの言葉です。

節子さんのイメージには、密教の宇宙観がより色濃く感じられるのですが、これは私の我田引水というものでしょうか。

性愛さえも、自分たちの感覚を言葉という表現にして伝え合うところは、お二人がジャーナリズムの世界でいきているからではないかとも思います。芸術家なら芸術で表現し合うのかもしれません。なるほど、ジャーナリストとは、言葉によって人間のさまざまな営みを普遍的に伝える仕事なのだと、思いがけないところで学んだところです。

さて、お二人のこの「告白」を読んで、私はしみじみお大師さまの慈悲と智慧との教えの深さを考えさせられました。

性愛の深さに接する人たちはたくさんいるはずです。しかし、その真実の姿に想いをいたさないまま、性愛の快楽だけを追い求めてしまうと、破滅の淵に溺《おぼ》れます。

お二人は、その性愛の奥に求め合う心があることを確認し合い、またそのことによって生じる波紋に、どのように対処していこうかと、語り合いながら、お二人の愛を創りあげていったのです。

性愛の深さを忘れて一歩間違えば、犯罪さえ引き起こしてしまいます。一時の快楽に心の眼を失い、子を殺したり親を殺したり、連れ合いを殺す事件が、このところ後を絶ちません。

苦しみを、どのように抱えて生命の奥底にわき上がる力と向き合っていくのか。欲望の対象が開放されている現代の日本にあって、お二人の「告白」は一つの指針です。それはあるがままを抱いて生きるためには、より大きな力を出して生きねばならないという教えであります。

お二人が選んだのは、「家庭を大事」にしながら、互いの「個」を生かそうとする道でした。ラクダを針の穴に通すということわざがありますが、これはとても難しい選択であったことでしょう。

世の批判は、当然ながらつきまといます。家庭を大事にしたというものの、家庭も人と人とのつながりですから、家庭の心が波立なかったとはいえません。しかし、お二人はなんとか生命を昇華しようと、懸命に生きてきたのです。

やがて、田原さんの末子夫人がガンで亡くなります。節子さんは離婚しました。そうして、知り合って二十七年目に、お二人は結婚しました。性愛だけでは、とうてい続けられなかった歳月です。

入籍して、しばらくは別居結婚でした。お二人ともライフスタイルが出来上がっていたのです。ところが、田原さんが病気になって夫婦は初めて同居しました。節子さんは看病に必死です。

「こんな調子だから、結婚してからは当然大宇宙も小宇宙もなくなっちゃいました。つまりセックスはなくなってしまった。……セックスはとても大事な世界だけれど、じゃあ、なくなったから、二人の間が冷めてしまうかというと、全然そんなものでもなかった。

それはそれでまったく平気なのだから、おもしろいものです」

節子さんの看病のかいがあって、田原さんは元気になりました。しかし、今度は節子さんが、乳ガンに罹《かか》りました。悪性のもので、闘病はたいへんですが、がんばっておられます。この本も、闘病のなかから生まれたものでした。

「よくなる彼女をみるのが生き甲斐」と、田原さんは語ります。

「常在戦場」がご夫婦の合い言葉です。その緊張感をもって、これまでの困難に立ち向かってきました。いまも、仕事に闘病にご夫婦は力を合わせて戦っているのです。

「今、二人で暮らしているのが希有の恩恵」だと、節子さんは「あとがき」に書きました。

これぞ、仏さまの心だと、私は受け止めました。

お二人の苦悩と喜びは、煩悩そのままであります。

煩悩即菩提。お大師さまは教えています。煩悩に苦しみながらも、お二人は社会に生きる積極的な姿勢を崩しませんでした。煩悩から逃げずに、これを背負いながら次代の最先端を駆《か》け抜けて、ここまで来たのです。その道のりは、決して安泰なものではありませんでした。しかし、総一朗さんと節子さんは、その戦いを二人の絆《きずな》として磨《みが》いてつよく高くしようと命懸けで生きてきたのです。

◎人生の表れようは人によって全て違う

お二人の生き方の方法を真似するように、とは決して申しません。それぞれの人生の表れようは、それぞれの人によって全て違いがあります。しかし、自分のことだけでなく、他の人のことも考えながら、苦しみを背負い、それを清めようとするとき、仏さまは道を開くのであります。

田原さんご夫妻は、煩悩から逃げずにお二人で向き合って戦ってこられました。その姿勢こそ、「発心《ほっしん》」であり、菩提の道だったのです。即身成仏の教えの通り、お二人はすでにこの世にあって、あるがままの自分たちをさらす真の強さを体得されました。それは、仏さまの世界の一つであると、私は感じているところです。

どのような欲望も、ただ感じて溺れるだけでは、迷いの闇が深まるばかりです。欲望という闇の彼方をじっと見据えて、光の扉に通ずる道を考え、感じ取って生きることこそ、欲望という生命の真実の力を得る、仏さまの教えであります。

もう一つ、書物から得たお話をしたいと思います。出版界が不況だ、良い本が少なくなったという声もありますが、私はやはり書物から得る宝は、とてもたくさんあると思っています。さまざまな方のお話をうかがって、教えられることも無限のようにあります。しかし、書物は会う機会もない方が心血を注いで送るメッセージを学ぶことができるもの、言ってみれば未知の世界の扉を開くもので、私の心は躍ります。

『働くことは生きること』というタイトルが目にとまって手にしたのが、小関智弘さんという方が書いた新書（講談社現代新書）でした。私は、働くことは生きることだと、いつも説いていますから、思わず手にとったのですね。

「はたらく」という言葉は、「はた」つまり周囲を楽にすることだ、と私は申します。文字で表現すれば、人が動くことが働くことであります。

ただ動くのではない。人間が動くとは、どのようなことなのか。身体が動く、頭が動く、心が動いて、私たちは働いているのです。それは、まさに生きることであります。

小関さんは、昭和八（一九三三）年生まれで、長く東京大田区の町工場で働きました。ベテランの旋盤工として働きながら作家としても活躍する方で多数の著書があります。この新書を手に、目次を繰っていると、小さなタイトルに目が止まりました。「憎しみのるつぼ」という見出しです。

これはなんだろう。働くことは生きることだと言う人が、憎しみを感じたときとはどんなときだったのか、私は興味をもちました。

それは、小関さんの若い日の思い出の記でもありました。

「憎しみのるつぼ」とは、ロシア民謡の題名でした。ロシア民謡は戦後に流行した労働運動の象徴でした。

第十二章　一つの価値観だけで世界をつくってはいけない

◎働くことは「欲」がなければできない

家が貧しかった小関さんは、高校を出て町工場に就職しました。旋盤工の見習いになったのです。労働運動にも高い関心を持っていたので、この歌を口笛で吹いたりして働いていたのです。ある日、同僚がその歌を聞いて帰りがけに酒場に誘ってくれました。

彼は労働運動家で、当時の日本に起こったレッド・パージで職場を追われた人でした。大きな企業の工場では、そんな口笛を吹いているだけで密告されて職を失ってしまうという、暗い時期だったのです。同僚は小関さんに注意してくれたようで、それからもいろいろなことを教えてくれたそうです。

ところが、同僚は旋盤が上手ではなく、不良品をたくさん出して、とうとう辞めてしまいました。

「どんな立派な考えを口にすることができても、仕事で信頼されなかったら通じない。それを肝に銘じておくことだ、と私は悟った」と小関さんは書いています。それが、社会人への第一歩になったことは、とてもよい体験をしたのだと、私は読みます。

小さな町工場は不良品を出したら、それだけで契約はつぶれてしまいます。小関さんは、初歩的な仕事でも手を抜いたら、次の工程を仕上げる人が苦労することを、怒鳴られて初めて知りました。

現代の日本の、さまざまな病理を考えるとき、私は小関さんのご本が読まれるワケを知りました。

理論は立派だが、仕事は中途半端な同僚は大企業の中では生きられましたが、町工場では生きられませんでした。同僚は、町工場の人たちは働く意識が低いと批判していたのですが、そうではないと、小関さんは「にくしみのるつぼ」という労働歌に託して、読者に語りかけているのです。

働くことは、欲がなければできません。目標に向かって、私たちは働きます。しかし、目標はあくまで目標です。そこにむかって走るときの心持ち、身体の動かし方、考え方の総合力こそ、欲望という本能をまっとうに生かす方法なのだと、お大師さまは「身口意」を清浄にするようにという言葉だと教えました。

◎究極は万民の幸せが実現する社会をつくること

二十一世紀に入って、旧来の思想が問いなおされています。中国さえ資本主義を取り入れる世界情勢です。

思想とは、本来はその論理と実践とが調和されてはじめて実現するものなのに、人々はその論争に走って、人間を幸せにする社会の実現という大きな欲を忘れてしまったのではないかと、私は思います。

社会主義であれ、なんであれ、究極は万民の幸せが実現する社会をつくることこそ、ほんとうの目標であるのに、どんな考えを基盤とするのかという「方法論」ばかりが優先してしまって、あげくはその「論」に忠実であるのかどうかを問うような状態が蔓延《まんえん》してきたのではないか、それが理想と現実との溝を深くして失敗をくりかえすことになっているのではないかと思うのです。

一つの価値観だけで世界をつくってはいけない。そのことの重さを、理趣経は説いているのです。しかし、それだけに欲望という両刃の剣を扱うのですから、慎重に正しい教えを伝えていかねばならないと、先達たちは承知していました。

現代の日本は相変わらず、沈んでいます。日本は均一化を目指し走ってきました。

生活の向上、教育の向上、仕事の質の向上などなど、一定のレベルに達することを目標にして、とうとう世界の大国になりました。しかし、どこで間違ったのか、同じような形式の生活、同じような学歴などと、形が同じになるような外見の均一化を目指すようになっていったのです。

仏さまが教える差別と平等の中身が入れ替わってしまったと、私は思ってしまいます。尊重すべき区別はそれぞれの個性の輝きであり、価値観です。心がけねばならない平等とは、生きる価値です。誰もが幸せに生きる力を持っている。そのことを敬いあって生きましょう、と仏さまは教えています。

形は違っても、考え方が違っても、いいのです。違っているから、この世に共に生きている必要があるのです。

生命はみな仏さま、それが平等の本質であります。その違いを受け入れて尊ぶために、欲望という力が必要なのだと、私は考えています。男と女という違いを知って、受け入れることができるようになる、一つの大きな力が性愛です。その力があるから、この世の生命は次の世代につなげることも可能になります。あるいは、困難な壁を乗り越える強い連帯感のもとにもなります。許すという大きな心をつくる力にもなります。心身を癒《いや》すものも、飾るものも、生きる力になる欲望です。しかし、これは「清浄《しょうじょう》」であることが、菩薩の位に至る条件と申しますか、仏さまの課題なのです。そうでなければ大きな力であるだけに破滅に落ちてしまうのです。

理趣経を日々読誦することによって、欲望を清らかにすることを体験できるようになるという教えでもあります。

◎たくさんの赤ちゃんが成長するエネルギー

日本は、老人社会に入ったといわれて久しくなりました。『おばあさんの知恵袋』という本がベストセラーになったのは、バブル絶頂期だったでしょうか。核家族化した日本に足りないのが老人の知恵だったことを思い出させてくれました。いまにして思えば、近い将来に老人人口が増加して、社会の構造が変化する予兆を告げていたように思います。

日本だけではありません。ヨーロッパには戦後まもなくから、少子化と老人社会化の波が押し寄せていました。日本が現在抱える老齢問題を、ヨーロパでは先行して取り組んでいたのです。とりわけ、北欧のシステムは介護をはじめとして、学ぶべきものが多いと聞いています。日本でも介護保険制度がはじまりました。「寝たきり老人」をなくそうという姿勢も、ずいぶんと効果をあげてきています。

老人の願いは、「ピンピンコロリ」というのだそうです。人は、死ぬまでピンピンと元気で生きたいと願っているのです。

二十一世紀に入って、日本社会は大きく変化します。まずは二〇〇六年に、日本の総人口は減少に転じると予測されています。さらに、二〇一二年ころになると「団塊の世代」が定年を迎えます。第二次大戦のすぐあとに生まれた「ベビーブーマー」とも呼ばれている人たちです。戦場から兵士たちが帰還して子どもがたくさん誕生しました。世界中に、「団塊の世代」ができたのです。

生命とは不思議なものだと、しみじみ思います。戦争は、大勢の人たち、とくに若者の生命を奪います。敗戦国は立ち上がれないのではないかと思うほどに、戦禍が人々を覆うのです。

しかし、敗戦国も戦勝国も等しくベビーブームの波は押し寄せました。そのたくさんの赤ん坊が戦禍から立ち直る力を親たちに与えたのだと、私は時代を振り返って思います。食料もなく家もない中で、人々は子どもたちには悲惨な戦争を体験させたくない、豊かな生活を送らせたいと必死に働いて生きてきたのです。

核家族化してしまった社会ですが、世界規模で考えると、たくさんの赤ちゃんが成長する生命のエネルギーによって、戦禍に傷ついた地球は再生したのです。その「団塊の世代」が老いようとしています。二〇二〇年には、六十五歳以上の高齢者が世帯主となる世帯が三割を超えると予測されています。

しかし、この「団塊の老齢者」たちは、じつは豊かな老後を送ることができるのだとも試算されています。家があり、貯蓄があり、年金も減らされずに生活できる、最後の世代なのだ、と。

第十三章　生まれて成長して老いて死を迎える生命の旅

◎人間の価値はその人の心であり生き方

その後はどうなるのか、おそらく日本の社会システムが変革するので、予測はできませんが、戦後の日本が目指した「平等社会」の原則が崩れるようになるかもしれません。

平等とは、いったいどういうことなのでしょうか。日本は、資本主義社会のなかで世界経済のリーダーとなってきました。その力の源は、社会主義的な社会構造にあるといわれています。貧富の差が少ない、医療費など社会保障制度が発達している、という点も経済に劣らず世界の先進国でした。

しかし、いまその社会構造の問題点が指摘されています。政府主導の「護送船団方式」で進められた貿易、誰もが大学に入れる教育、老人医療のあり方など、保護されることによって基礎水準が向上し、国民みんなの暮らしが豊かになりました。

保護された社会は裏返せば管理社会でもあって、大企業優先の経済は起業の芽が伸びません。誰でも大学に「入らねばならない」教育は個性の芽を摘んでしまいます。

バブルがはじけて、日本はそうした高度成長のひずみが露呈しました。約束されたエリートたちの人生が、けっして幸せでないことは、数々のスキャンダルによって明らかになりました。あるいは、不況となって有名企業があっけなく倒産しました。

人間の価値は、学歴や就職先で決まるのではなく、その人の心であり、生き方なのだと、日本人は個の大切さに気づいたのです。

日本は、ようやく暮らしていける社会になって、二十一世紀こそは精神的な豊かさを追求するゆとりが生まれたのだと、私は分析しているところです。

わずか半世紀を振り返っても、時の流れや人の生き方、社会の有り様が同じではありません。変化が、生命の本質なのだと、私は説いてきました。生命とは、一人ひとりの人生だけのことではなく、社会全体も世界も宇宙もみな同じものなのです。

生まれて、成長して、老いて、死を迎えるのが、生命の旅であります。

「老いて」というところを「病んで」と変えれば、別の人生です。どちらもこの世を旅する生命の、自然の終末です。生老病死とは、この世に映る生命の旅路であります。

その自然な旅を断ち切るのが、老いもせず病みもしないで死を迎える「事故」であります。災害、戦争、事件事故、自殺など、旅路を全うせずに死んでいった生命を、私は成仏させせたいと慰霊の祈りを続けるのです。

◎平等の意味を教える「老い」

「病」と「死」についてはは先にゆずりましょう。まずは「老い」についてて、お話ししていきます。

「老い」は、誰にも平等に訪れます。

昔むかし、中国・秦の始皇帝は権力と富を掌中に納めながら、不老不死を願ってさまざまな試みを続けました。それにもかかわらず出陣の旅で病死します。日本の平清盛もまた、栄華の頂点にあって西に沈む太陽に金扇を振って呼び戻そうとしたと伝えられます。

そう、老いとは時間のみ重ねなのです。人が自分の力では、どうにもならないものが「時」であります。この世の生命は、時の流れに乗って旅をしているのです。小舟に乗っているのか、大きな船の乗客なのか。それぞれの選択によって、大波小波が寄せては引きます。生命の平等とは、大日如来という存在を抜きにしては語れないものです。

この世に生まれた私たちの生命は、宇宙そのものである大日如来からいただいたもの。大きな船に乗ろうが、小舟で航海しようが、乗っている生命そのものは同じです。これが、ほんとうの平等の意味です。命の本質が平等だから、貧富も権力も関係なく、生命の旅路に終わりが来ます。

平等の意味を教えているのが「老い」なのです。

旅路が安泰だったり、波瀾に富んでいたりするのは、乗った船によって違う「差別《しゃべつ》」であります。この違いを知って、「平等」という教えを考えていかないと、大きな間違いにつながってしまうのです。

◎仏さまの世界に到るまでのさまざまな道程

「もし竪に論ずれば、すなはち乗乗差別にして浅深あり。
横に観ずれば、すなはち智智平等にして一味あり。
悪平等のものは、末得を得とし、不同を同とす。
善差別のものは、分満・不二、即離・不謬《ふびょう》なり。
これに迷へるものは薬をもって命を夭《ほろぼ》し、
これに達するものは薬に因《よ》って仙を得。
迷悟己れにあり、執なくして倒る。
有疾の菩薩、迷方の狂子、
慎まずんばあるべからず」

（『十住心論』巻一）

お大師さまの有名な一句です。ここに、お大師さまの平等の教えの神髄《しんずい》があると、私は読んできました。現代語に訳しましょう。

「(仏さまの無量の教えを)竪に論を展開すれば、各々の教えに浅い深いの差別があり、横に観察すれば、各々の教えによって得られた智慧は、平等一味であるということだろう。

だが、悪平等に堕《お》ちたものは、まだ得ないものを得たといい、同じでないものを同じだと、主張する。

善く差別するものは、(法=ものの上からは)部分と全体とが一つであり、(意味の上からは)相即とも、離反ともいうことが可能なのである。

この理法に迷う者は薬によってかえって命をなくし、この理法を正しく理解している者は薬によって仏の世界に入ることができる。迷いも執着もなければ、たちまちにさとりの世界に到るのである。

低い教えに執着している菩薩、自分の進むべき方向に迷える者たちよ、必ず慎まなければならない」

ここでいう「薬」とは、仏さまの世界にいたるまでの様々な道程のことです。

『十住心論』のなかで、お大師さまは「衆生の住宅に略して十処あり」と述べます。地獄、餓鬼、畜生、人宮、天宮、声聞宮《しょうもんきゅう》、縁覚《えんがく》宮《きゅう》、菩薩宮、一道無為宮、そして究極の「秘密曼荼羅金剛界」に到るのです。

お大師さまが、ここで「薬」と比喩《ひゆ》したのは苦しみの地獄・餓鬼・畜生の世界を脱け出した者たちがたどる方法です。

みなみな仏さまでありながら、貪《むさぼ》ったり、瞋《おこ》ったり、愚《おろ》かなためにその光を見失って、迷いの闇で苦しみます。その苦しむ無知な者たちを、如来はあわれんで帰る道を示されたのです。どの道程を選ぶのかによって、衆生が生命の故郷へ帰る旅は、早くなったり、永遠とも思うほどに遅くなったりするのです。人間界と天界の宮《すみか》に住む者たちは、地獄・餓鬼・畜生の宮に住む者たちに比べれば、まだしも安楽であって、苦しみではなくなります。

しかし、それは一時の安らぎにしかすぎないのです。さらには、声聞宮、縁覚宮、菩薩宮、一道無為宮も同じことです。方向としては正しい道を歩いているとはいえ、長い長い道のりなのです。

密教こそは「虚空《こくう》をはるかに淩《しの》いで速かに飛んで、一生の間に必ず所詣《しょけい》に到る」と、お大師さまは教えます。人宮から一道無為宮にいたるまでは、「応化《おうけ》仏の心病に対治するの薬、他受尊の狂子を運載する乗なり」と説きます。

【十住心論巻1】

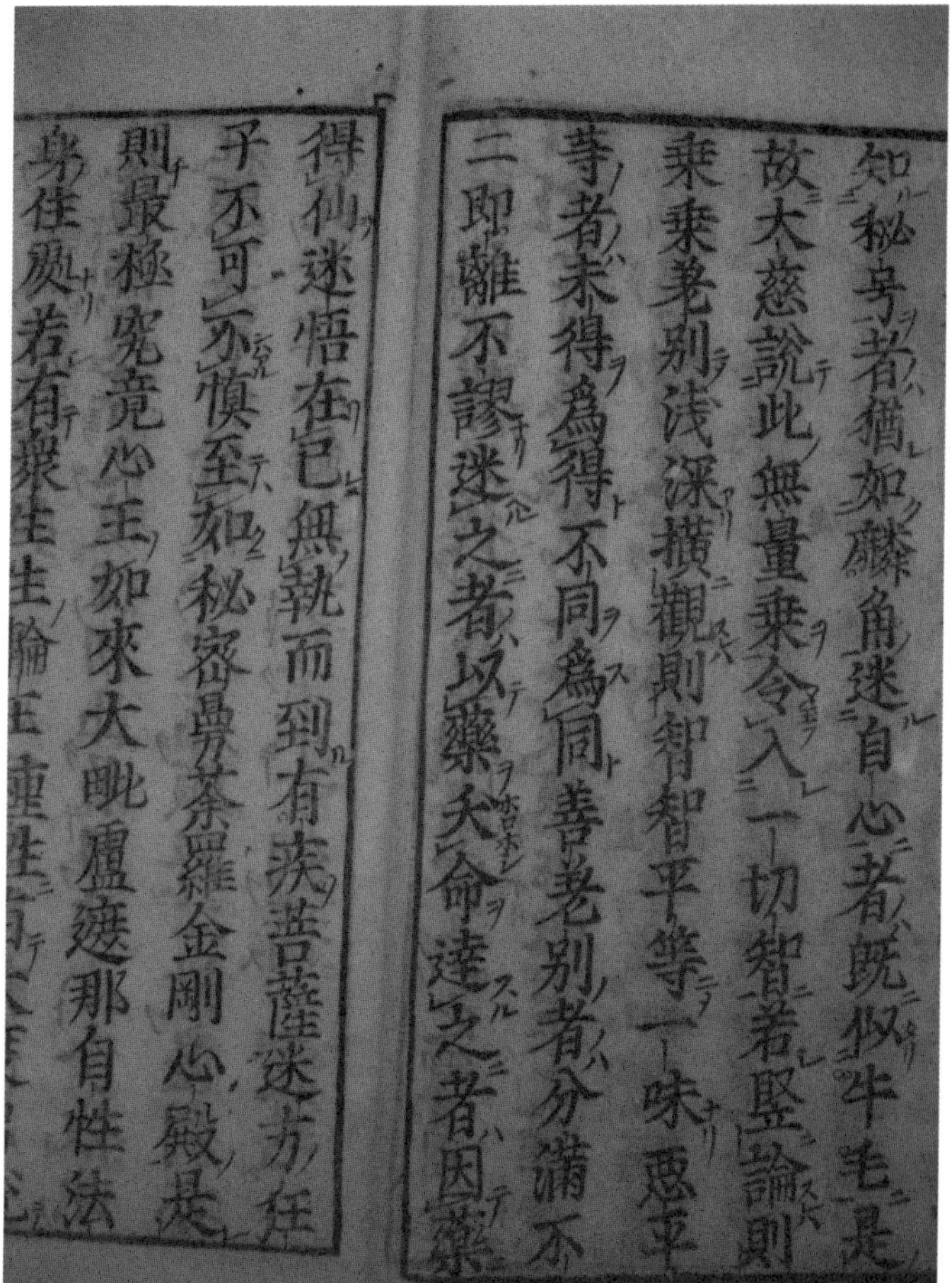

知秘宗者猶如麟角迷自心者既似牛毛是
故大慈説此無量乗令入一切智若竪論則
乗乗差別浅深横観則智智平等一味悪平
等者未得為得不同為同善悪別者分儞不
二即離不謬迷之者以藥夭命達之者因藥
得仙迷悟在己無執而到有疾菩薩迷方在
子不可不慎至如秘密曼荼羅金剛心殿是
則最極究竟心王如来大毗盧遮那自性法
身住處若有衆生生輪王種生

【高野山清浄心院で毎日営まれている世界平和と慰霊の祈り。
左端が著者】

第十四章　身体と心と言葉をきれいに暮らすことを実践

◎一足飛びに仏さまの世界に到れる教え

この世のさまざまな教えは、迷える者たちが救いを求めて出現した仏さまによる「心の病を癒すための薬」であり、人びとに悟りを与えようとする仏さまが迷える子たちを乗せて運ぶための車なのだ、と。

お大師さまが、ここで教える「薬」とは、人生の苦しみに対しての対処療法です。古今東西の宗教のさまざまな教えは、この対処療法であり、さらに進んでは迷える者たちを運ぶための大きかったり小さかったりする乗物なのだと、お大師さまははっきり断じます。

ほんとうは、そのような教えではなく、密教を学ぶことによって、この世にあるままで一足飛びに仏さまの世界に到れるのだよ、と教えるのです。

「乗物」同士が、たがいに競いあって、それぞれの戟《ほこ》を自慢して楯《たて》を忘れ、他人の疵《きず》をあばき、善を見ないようにする。賛否両論を闘わせて勝負がつかない。たがいに罵倒《ばとう》して仲間と盲動《もうどう》する、とお大師さまは宗派同士の教義争いを批判しています。

人間はとかく、この方法論をものごとの本質と思ってしまいます。宗教戦争は、じつは方法論の違いであります。互いを尊重することを忘れて、自分が持っているものを自慢して相手をこきおろせば、ケンカになるに決まっています。

生命の行き着くところは、みな同じだと、お大師さまは諭《さと》します。どのような方法をとるのかは、それぞれの生命が選択している結果なのだ、と。

あるいは、「薬」の処方箋《しょほうせん》の指示にしたがわずに補いの薬を求めるが、これはかえって薬を毒としているようなものだ、と。

良薬は口に苦いし。苦いからといって甘味を自分勝手に処方して苦味をやわらげようとしたのでは、薬はかえって毒になると教えるのです。すべて「迷悟己れにあり」と、お大師さまは教えます。迷いはわが心から生まれるものであり、真実の平等を知れば、かならず道は開けるのであります。

「老い」という仏さまの平等の教えに、どのように対処すればよいのか。そこに、密教の、お大師さまの智慧が注《そそ》がれると思って、教えを実践していただきたいのです。

誰にでもできる教えは、正しい行者に従って、正しい方法で真言を唱えることです。私が皆さまと共に、朝晩「般若心経」を唱えていただきたいと願って、カセットテープやCDを作りましたのは、ひたすらこの想いによるものであります。

弟子ともども、日々の真摯《しんし》な祈りを込めて皆さまに「一生の間に必ず所詣《しょけい》に到る」道を進んでいただきたいと願ってのことでありま す。声を挙げて読経するだけではなく、悪口を言わない、貪《むさぼ》らない、怒らない、施しをするなど、身体と心と言葉をきれいに暮らすことを実践しましょう。かならず、そのご利益が現れます。

◎真実とは一切の区別のない対立する概念もないもの

『十住心論』は、お大師さまがその教えを誰にでも理解できるように、かんでふくめるように書かれたものです。教えの総合論であり入門編であります。一方「理趣経」は、いつも申しますように博士課程ともいうべき専門編であります。

お大師さまが、「理趣経開題」を書き残しながら、逐次《ちくじ》の解釈をされなかったのは文字だけでない教えを自ら読み解くように、というお考えだったと、私は受け止めています。

「理趣経」の第二段、「証悟の法門」は、次のように説いています。

「時薄伽梵毘盧遮那如来。復説一切如来寂静法性。現等覚出生般若理趣。所謂金剛平等現等覚。以大菩提金剛堅固故。義平等現等覚。以大菩提一義利故。法平等現等覚。以大菩提自性清浄故。一切業平等現等覚。以大菩提一切分別無分別性故。

金剛手。若有聞此四出生法。読誦受持。設使現行無量重罪。必能超越一切悪趣。乃至。当坐菩提道場。速能剋無上正覚。時薄伽梵。如是説已。欲重顕明此義故。熙怡微笑。持智拳印説一切法自。性平等心。」

少し長くなりました。しかし、お経の逐次解説をすることは専門的な分野なので、一般の方には珍しいかもしれないと、第二段をここに収録

してみました。どう読み解くのか、三井英光師の『理趣経の講話』にしたがって進めてみましょう

「時に薄伽梵《ばぎゃぼん》、毘盧遮那如来《びるしゃなにょらい》は、復た、一切如来の寂静法性《じゃくじょうほっしょう》を説き給う」

薄伽梵とは、梵語で世尊のこと、ここでは大日如来を表します。

「時に世尊毘盧遮那仏は、復一切の如来の自性となっている所の相対的な分別を超えた―例えば自他とか有無とか生滅とかの対立を超えて、火にも焼けず水にも流されぬ絶対、無限、永遠の真実在―（此れを寂静法性というのであるが）を現実に此の身の上に覚る教えを説き給うたのであります」

真実とは、一切の区別のない、対立する概念もないものだと、大日如来は説いていています。

「老い」という生命の旅程は、真実という仏さまの世界から見れば、一時の仮の姿であるというわけです。

北へ向かう列車に乗れば、季節は秋から冬景色へと変わっていきます。緑生い茂る木々は、次第に色づいて枯れ木立に変わります。過ぎ行く車窓に映る景色を、我が身の「真実」と勘違いしているようなもの。老いていくのは、車窓に映る景色であって、列車に乗っている個々の生命は旅を続けてぃることに変わりないのです。

旅が冬から春へと変われば、木々の芽吹きを感じます。生命は不滅であると感応したとき、私たちは宇宙に遍満する生命のエネルギーを感じ取ります。

「ああ、私は生きている！」

身のうちからわきあがる、このような感動を経験したことはありませんか。生死を超えた体験、結婚や出産、仕事を成し遂《と》げた時、野山を歩いた感動……。みなみな、生命のエネルギーを、現実に一人ひとりの身の上に感じとった時です。このことを、「寂静法性」

というのです。

「所謂《いわゆる》金剛平等の現等覚なり、
大菩提は金剛堅固なるを以ての故なり。

義平等の現等覚なり。

大菩提は一義利なるを以ての故なり。

法平等の現等覚なり。

大菩提は自性清浄なるを以ての故なり。

一切業《ごう》平等の現等覚なり。

大菩提は一切分別無分別性なるを以ての故なり」

現代の言葉に訳しておられる三井英光師の解釈です。

「此のような絶対無限永遠の実在を、現実に体験する場合、先ずそれをいつまでも変わらぬ生き通しの生命として覚ることができる、何故かと言えば真実の悟りは、金剛石の壊《こわ》れない如く堅固であるから。又、限りない幸福を受けることができる。それは又いのちを養う福徳をたたえているから。

又ものみな清浄の安らぎに住することができる。

覚りの本質は本来清浄であるから。

又やむことのない創造の働らきを現《あらわ》して行くことができる、覚りとは空なるものでなくて、

我や他や彼れや此れの分別を超えたる全一としての生き生きたる働きであるからであります」

覚りの世界とは、本来清浄なものである。それが理趣経の説くところです。

私たちの生命は、ほんとうは清らかな世界のものであって、この世という仮装舞踏会ではみな仮面をつけて踊ってはいますが、仮面をはずせば、誰もが美しい素顔を持ているのだと、大日如来は菩薩

たちに説いているのであります。

あなたも私も、という区別はない。みな等しく仏さまであると、生命の平等を「無分別」という言葉で説くのです。

仏教の言葉が日常語として使われるようになると、意味合いがすっかり変わります。この「無分別」も、同じことです。本来は差別のない一つのものであるという仏さまの世界を表すものなのに、いまでは「分別がない」という意味は、常識がないとか、理解が足りないなど、善くない場合に使われます。

【高野山清浄心院玄関と豊臣秀吉が花見をしたと伝える太閤桜】

第十五章　仏さまが教える「清らかな平等」

◎心が解放されて生き生きとする

分別とは、つまりは、人間社会のルールであります。これに対して「無分別」とは仏さまの世界のこと、人間が決めたルールを超える行動なのです。しかし、日本の封建時代にあっては、身分制度など人々の行動を制限する目的が社会のルールの根底にありました。そうした歴史的な背景が、「無分別」のほんとうの意味を変えてしまったのです。

この世を生きるには、社会のルールが必要です。しかし、仏さまの世界を心に置けば、人間がつくったルールと我が良心とがぶつかるときにも、善い解決策が思いつきます。心をいったん「無分別」に置くと、思いがけない発想の逆転があるのです。ほんとうの「無分別」とは、心が解放されて生き生きとしていることでありましょう。幸せは、そのような心でこそ受け取ることができるものです。

さて、次に続きましょう。

「金剛手よ、若し此の四出生の件を聞いて、読誦《どくじゅ》し受持《じゅじ》することあらば、設使《たとえ》、現に無量の重罪を行ずるとも、必らず能く一切の悪趣を超越して、乃至、菩提道場に坐し、速かに無く無上正覚を剋証すべし」

文章による解説（三井英光師による）です。

「金剛手よ、真言行者よ、若し此の一如平等の真実在の内容としての、永恒の生命たる金剛性と清浄安楽の法性と、分別を超えた実働性との、四徳出現の法門を開き、その教えを能く受持せば、たとえ現に無量の重罪を犯していても、それを越えて直ちに覚りの場に安住し、最上の覚りを証することが出来るのであります」

「四徳出現の法門を開き」とは、どのようなことでしょうか。この教えはあくまでも菩薩に対してのものです。とくに「真言行者」と呼びかけているのは、まさに修行をする者に対しての教えであることを語っています。四つの徳とは、四種の平等のことです。如来の覚りとはダイヤモンドのように堅固なもの、如来と同一である我らの生命も同じく堅固な覚りを得るものなのです。

心の塵《ちり》を払えば、一堅固で二慈悲と三智慧にあふれ、四生き生きと働く生命が等しく存在しているのです。その四つの平等への教えの門を開いて教えを保てば、真実の覚りの世界に到るのだと、説いています。行者とは、その四種の門を入って、ひたすら仏さまの教えに従う者のことであります。

「時に薄伽梵《ばぎゃぼん》、是の如く説き已《おわ》って、重ねて此の義を顕明《けんみょう》せんと欲《おも》うが故に熈怡《きい》微笑して智拳《ちけん》の印を持し、一切法の自性平等の心を説き給う」

現代語に訳します。

「時に世尊、毘盧遮那如来は、此のように証悟《さとり》の内容及びその功徳を説き終わって、重ねて此の事を自らの身の上に顕《あら》わさんがために、大実在に安住し給える法悦の微笑を示し、両手の上には利智不二の智拳印を作《な》し、天地に連なる一切の諸法の自性は平等の大実在なることの必要をば、左の工子の真言を以て説き給うたのでありま す」

このように、経典はむずかしい漢字の羅列《られつ》のように見えながら、じつは深い意味のある教えが書かれているのです。その経典を声に出して読み、祈ることこそが、お大師さまの教え「即身成仏」なのです。

生命はどのような形であろうと、いかなる種類であろうと、本質は等しく同じものであるということ、その平等を感じ取った者が、覚りの世界に入ることができると、理趣経は教えています。

生命が平等であることに気づいた者は、みな心が安らいで幸せになります。

◎田口八重さんのこと

京都の老舗《しにせ》旅館「柊家」の仲居を六十年も勤めた田口八重さんという方の本があります。その名も『おこしやす』という、京都の心で迎えられたような気持ちになるものです。

田口さんは、九十一歳の時（平成十二年）に、この本を書きました。客として逗留《とうりゅう》した人々の思い出を綴っています。川端康成、三島由紀夫、小泉信三、チャップリン、林芙美子などなど、多彩な人たちとのふれあいが、ていねいなお人柄そのままに書かれています。

田口さんは、いまでいえばプロフェッショナル魂に徹した方で、接客業初の黄綬褒章を受賞しました。「お客さんによろこんでいただきたいから、努力する」という言葉を胸に田口さんは「もてなし」一筋の人生を送ってきました。老いた、という言葉はこの本には一つもありません。年齢を重ねた人ならではの言葉が、そこここに見られて、「年を重ねる」ことの尊さを教えてもらいました。

客の思い出のなかで、とりわけ私の胸を打った人たちがいました。一人は、永野修身海軍大将です。柊家は海軍軍人の定宿でもあって、永野大将は常連だったそうです。食事が出ると、田口さんは必ず聞かれました。

「他の者もみな同じ膳か」随行の人たちの食事は大将のメニューとは違います。田口さんはありのままに答えます。

「余分についている品は、自分はいいから皆に食べさせてやってほしい」そう言いました。そして、取り繕《つくろ》うことをしなかった田口さんにはこう言いました。

「お八重さんは正直でいい。表面だけ言いつくろっておけばいいのに、ありのままを教えてくれる。私がお山の大将といわれないのは、あなたのおかげだ」と。

正直だとほめるだけでなく、「あなたのおかげだ」と言える大将がどれだけいることでしょうか。永野大将は、田口さんをたいへん信頼して、柊家に旅装を解いて過ごしたそうです。

人の心の触れ合いは、身分の上下でもなく職業の貴賤《きせん》でもない、まして男女の違いでもないことを、田口さんは柊家の客たちから学びました。

学者もたくさんやってきました。大内兵衛氏もその一人、日本を代表する経済学者でした。執筆をするので、田口さんは毎朝鉛筆を削っておきました。

そんなある朝のこと、大内氏が縁側にしゃがみこんで庭を見ています。何を見ておられるのかと、田口さんも並んでしゃがみましたら、庭にカラスが一羽いました。地面をつついたかと思ったら、ちびた鉛筆をくちばしにくわえて舞い上がったのです。

「たいへん、先生の鉛筆を」と、田口さんがあわてているのを、大内氏はおだやかに「大丈夫、大丈夫」と言って、座敷に入ってしまいました。

「カラスというのは、あの格好でどうもみんなに嫌われてしまうのだが、なかなか愛嬌があって可愛いものなんだよ。頭もとてもいいんだ。鉛筆を床に置いて、毎日こうしてオイデ、オイデしているんだ。それで、一週間ほどすると、だんだん馴《な》れてきて、そのうち鉛筆をくわえてどこかへ飛んでいってしまう。だけどね、その鉛筆で思いきり遊んであきてしまうと、きちんと返してくれるんだ」

なんとも驚きます。学問の世界に没頭しておられたと思っていた先生が、カラスとコミユニケーションしていたのです。信頼して鉛筆を返しにくるなどという話は聞いたことがありませんでした。さらには、食事の残りを小さな器に入れておくと、器ごとくわえてどこかに飛んで行って、容器だけを返してきていたそうです。

まさに、生命は人もカラスも等しく、心が通ずるものなのだと教えられました。

田口さんは岐阜・中津川の旧家に生まれましたが、生家が没落して苦労しました。結婚して息子が生まれてまもなく離婚して、京都の親戚を頼って出てきて、柊家に住み込みで働くようになりました。いまでいう就職試験に、当時の女将はお茶を入れさせました。田口さんは、お母さんからきびしい躾を受けていたので、お茶の淹れ方がとても上手でした。すぐに採用となり、以後真剣に働きました。九十歳になる少し前に転んで怪我をしたのを機会に現役を退きました。しかし、この本を書いたときも一週間に一度は花を活けに柊家にやってくるという、元気な老後です。

仲居の仕事は、誰が教えてくれるわけでもない、先輩の仕事ぶりに自分なりの考えを加えて、田口さん流ができ上がりました。

「このようなやり方を身につけたことで、私の人生はどれほど豊かになっていったかもしれません。この社会のなかで、私は生きてきた価値が十分にあったと思います」

そう語る田口さんは、また、柊家は「私の学校」だったとも言います。錚々《そうそう》たる客たちの言葉を、田口さんはメモに書いて学びました。息子に話して聞かせよう、自分で実行しようと、日々の暮らしに生かしていったと回想しています。

相手が誰であれ、「もてなし」の心で接することは、なかなかむずかしいはずです。自らを卑下《ひげ》せず、他人に敬意を持って生きてきました。田口さんの心持ちを、仏さまの教える「清らかな平等」と言うのでしょう。

老いとは、過ぎた時の中に生きることでもあります。どれほど豊かな人生を送ってきたのかによって、老いてからの時の内容は違ってきます。精一杯生きてきた人は、思い出いっぱい、幸せな時間を得ることができます。老いてから努力するのではない、若い時から心を磨《みが》いて掃除しておけば、「老い」という人生の貯金箱には、たくさんの思い出がキラキラと輝いていることでしょう。平等の教えをかみしめて、年輪を重ねましょう。

合掌

おわりに

　本書でいう「生老病死《しょうろうびょうし》」とは、仏教を説かれたお釈迦さまの根本の教えである。この世に生を受けた者は、生きること（生）・老いること（老）・病むこと（病）・死ぬこと（死）の四つの苦しみ（四苦《しく》）から逃れることができない、という教えである。人が必ず辿る無常の四つの苦のことである。

　これに対して、お釈迦さまは八正道《はっしょうどう》という八つの正しい道を示させた。正しく物事をみること（正見《しょうけん》）・正しく考えること（正思惟《しょうしゆい》）・正しく語ること（正語《しょうご》）・正しく行なうこと（正業《しょうごう》）・正しく生活を送ること（正命《しょうみょう》）・正しく努力すること（正精進《しょうしょうじん》）・正しく信念を持つこと（正念《しょうねん》）・正しく集中力を完成させること（正定《しょうじょう》）、の八つである。ここに、仏教は無常に対する積極的な生き方を示すことになったのである。

仏教の教えは、お釈迦さまが悟られて以来、具体的に進化されていった。その仏教の教えがたどり着いた終着点が、お大師さまが示された教えであった。お釈迦さまの教えはここに至って、ついに世界の普遍宗教となった訳である。

つまり、八正道が究極に発展した教えの先にあったのが、お大師さまの教えなのであった。そのことを池口惠觀先生は万民にわかるように、身近なわかりやすい言葉で本書にて示された。

この慈愛に満ちた惠觀先生の滋味あふれた珠玉の名文が、多くの人々に読まれることを心より祈念したい。本書を読まれた人たちは、宗派を問うことなくお大師さまと縁が結ばれたものと言い切っても過言ではない。

惠觀先生はお大師さまに代わり、私たちが一人も漏れることなく

〝仏さま〟であって、あの世ではなくこの世で成仏して、生きてこの世の光となることを本書でおっしゃっていることを申し述べて、編集者としての責を果たしたい。

なお、本書において十九年前に述べられた恵観先生の現代社会への警告はまさに予言そのものであって、それらは現実のものになっていて、これから生きる私たちへの生き方の指針となっていることも、ここに指摘させて頂きたい。

恵観先生の、今後ますますのご健勝とご活躍を心よりご期待申し上げて、結びとさせていただくものである。

清浄心院高野山文化歴史研究所所長　木下浩良

著者略歴

池口　恵觀（いけぐち　えかん）

昭和 11 年鹿児島県生まれ。

高野山大学文学部密教学科卒業。

高野山真言宗宿老・傳燈大阿闍梨・定額位・大僧正。

高野山別格本山清浄心院住職。鹿児島市烏帽子山最福寺開山・藤沢市江の島大師法主。

平成元年前人未到の「百万枚護摩行」を成満。

平成 11 年山口大学から医学博士号を授与。現在まで同大学をはじめとする全国 18 の大学で客員教授・非常勤講師を歴任。

ロシア連邦ハバロフスク医科大学客員教授・名誉医学博士。

ロシア連邦アカデミー東洋学研究所顧問・客員教授・名誉歴史博士。

ロシア極東国際関係大学名誉教授。

平成 8 年米国カリフォルニア州カルバーシティ市名誉市民。

平成 14 年「密教学芸賞」受賞。

平成 24 年朝鮮民主主義人民共和国親善勲章第一級授与。

平成 24 年フィリピンマバラカット市名誉市民。

著書に『秘密事相 その原理と実践』（高野山出版社）他、100 冊以上の著作を公刊。

お大師さまの「生老病死」学
―苦難の先に救われる

2023年 11 月 1 日　初版発行

著　者　池口　恵觀　© Ekan Ikeguchi

発行人　森　　忠順

発行所　株式会社 セルバ出版
〒 113-0034
東京都文京区湯島 1 丁目 12 番 6 号 高関ビル 5 B
☎ 03（5812）1178　FAX 03（5812）1188
https://seluba.co.jp/

発　売　株式会社 三省堂書店／創英社
〒 101-0051
東京都千代田区神田神保町 1 丁目 1 番地
☎ 03（3291）2295　FAX 03（3292）7687

印刷・製本　株式会社 丸井工文社

Printed in JAPAN
ISBN978-4-86367-855-2